Ahmed Hasnaoui

Un combat singulier

Ahmed Hasnaoui

Un combat singulier

Éditions Croix du Salut

Imprint
Any brand names and product names mentioned in this book are subject to trademark, brand or patent protection and are trademarks or registered trademarks of their respective holders. The use of brand names, product names, common names, trade names, product descriptions etc. even without a particular marking in this work is in no way to be construed to mean that such names may be regarded as unrestricted in respect of trademark and brand protection legislation and could thus be used by anyone.

Cover image: www.ingimage.com

Publisher:
Éditions Croix du Salut
is a trademark of
International Book Market Service Ltd., member of OmniScriptum Publishing Group
17 Meldrum Street, Beau Bassin 71504, Mauritius
Printed at: see last page
ISBN: 978-613-7-37242-5

Un combat singulier

Chapitre : 01

J'ai fait comme une baleine qui a échouée sur une plage. Percutée par un bateau après un combat avec un autre poisson ou bien n'ayant plus de force pour voguer en haute mer, la côte devient un lieu salutaire pour finir comme nourriture aux oiseaux etc. cependant, moi, j'ai choisi comme lieu de chute le bureau de poste et télécommunication de… situé à une dizaine de kilomètres de chez moi. J'ai la vocation d'écrire des histoires depuis un certain temps, là où je mets les pieds je tire mon calepin et je noircis ses pages de tout ce qui me passe par la tête. Une grande expérience pour écrire ? Je l'ai pour avoir lu plus d'un millier de bouquins ; écouté un tas d'émissions radiophonique la nuit où jeune et vieux, ne trouvant pas de sommeil, racontent leur vie, dessinent un espoir dans un lointain horizon ou pleurent leur malchance. Alors je me suis dit pourquoi ne pas choisir un endroit où me fixer, et puis joindre l'utile à l'agréable. Sans avoir fait de longues études, j'ai la vocation d'étudier la société au sein de laquelle j'évolue ; ce que je raconte est tiré du réel vécu par des citoyens toute frange confondue. Devant l'agence des P.T.T, je remplis chèques et mandats pour vieilles personnes ne sachant ni lire ni écrire ; mal voyantes ou ayant oublié leurs lunettes etc. des demandes de tout genre, je les rédige pour : réquisitionner une sommes importante à percevoir dans un délai fixe ; de changements d'adresses etc. et puis j'ai le privilège d'être près du siège de l'A.P.C et pas loin d'une banque. Je ne chôme dons pas surtout en fin du mois jour de paye des ouvriers du secteur public, et puis il y a pour tous les autres travailleurs un jour qui leur est réservé. Question argent, je ne demande rien ou peu ; je contente de ce que m'offre les clients qui ont recours à mes services ; presque une aumône, et pendant les heures creuses je fixe mes idées noir sur blanc

……………………………… ……………………………… ………………………….

Le destin de tout un chacun de nous, existe-t-il ? Tout ce que je pourrais dire c'est le fait de ne pas avoir atterri devant l'agence des P T par hasard. Un jour avant le commencement j'ai éprouvé un besoin d'aller déambuler à travers les ruelles de ce petit patelin. Juste après avoir mis le pied hors du bus et fait une dizaine de mètres, je ramasse un stylo à bille neuf, perdu par un passant. Tout d'un coup une idée germe dans ma petite tête, celle de jouer à l'écrivain public, d'autant plus qu'on était à deux jours avant le paiement des pensions de retraite. Le lendemain je m'installe devant le bureau de poste comme quelqu'un qui va commettre un péché. Hésitant, pour peu que je laisse échapper le stylo de ma main qui tremble sous l'effet de l'émotion. Les heures passent et je retrouve mon assurance durant deux longues journées. Je suis aux anges. Je suis complètement absorbé par mon nouveau boulot moi qui depuis six années j'étais complètement oisif. J'ai pris, en effet, ma retraite après 28 années de service, une retraite anticipée. Bien au début j'ai fait la grâce matinée ; j'ai même essayé d'embrasser une carrière artistique en achetant une guitare, puis je me suis lassé de tout. Perdre mon temps, assis à longueur de journée dans un café en compagnie de gens, plus âgés que moi, jouant aux dominos, ne me tente pas, moi qui suis réglé comme une horloge, j'ai toujours pris mon café au comptoir sans sympathiser avec personne. Est-il possible d'entamer une nouvelle carrière professionnelle la cinquantaine passée ?

....

Des ex travailleurs, qui ont redémarré une nouvelle carrière professionnelle, existent bel et bien. Certains ont découvert une vocation et ont percé dans un secteur à l'opposé de ce qu'ils ont fait pendant 32 années de service. D'autres ont redescendu de l'échelle pour jouer au pâtre dans une contrée éloignée. Ils ont appris à jouer la flute et continuent à écouler leurs derniers jours presque en retrait du monde civilisé. Mon but à moi est de fuir mon foyer dans lequel j'ai été cloître du matin au soir.

Chapitre : 02

Les citoyens, habitants du village, ou simples passants, se présentant aux guichets de la poste pour un retrait d'argent, découvrent un beau matin Mr. Hmida, un étranger qu'ils n'ont, peut-être, jamais vu roder dans les parages. Qui est-il ? D'où vient-il ? A-t-il une certaine expérience pour exercer ce petit métier propre à un bonhomme ayant roulé sa bosse un peu partout, un gars à tout faire ? Lui, Hmida, un premier temps s'assimile à un gardien en civile, installé devant le bureau de poste. Simple fruit de son imagination, et il entre dans la peau de ce personnage que l'idée se renforce après des propos tenus par un homme entre deux âges a qui il a rempli un chèque. ---- ce n'est qu'un commencement, lui dit-il, et attendez-vous à une grâce divine !?

....

En mission, nous le sommes tous, en quelque sorte. Chacun de nous laisse comme une trainée de poudre, témoin de son passage sur terre ; il sème le bien ou le mal ! Hmida a-t-il pour mission de jouer au gardien malgré son bon vouloir et hanter ce lieu, et pour combien de temps ? Au fur et à mesure que le temps passe cette idée un peu folle qui trotte dans la tête de Mr. Hmida va se renforcer ou plutôt laisse flotter un mystère quant à son passage par cet endroit. Un vide va se faire autour de lui pour camper presque tout seul alors qu'au début différentes personnes de tout âge étaient plantées tels des cierges devant la porte de l'agence. Toutefois, lorsqu'on renoue avec le travail après avoir rompu pendant longtemps on passe par plusieurs étapes successives.

---- un premier temps, on a vraiment l'air d'un explorateur qui foule le sol d'un territoire inconnu, on scrute tout ce qu'on voit et on prête une oreille attentive à tout ce qu'on entend ; une analyse va se faire lorsque certains faits et gestes auront tendance à se répéter.

---- la deuxième phase révèle surtout le mauvais côté de cette profession libérale ; bien qu'on est libre comme l'air, de venir et repartir quand on le voudra. Le contact avec le citoyen détenteur d'un compte courant postal ou autre sollicitant un service n'est pas toujours du sucre sur du miel. Certains gens qui ignorent tout de ce qu'ils veulent au juste, essayent de refléter leur ignorance sur l'écrivain public. Un montant du nouvel avoir mal imprimé, fait de ce dernier un mal voyant, devant chercher un boulot ailleurs etc.

---- la troisième phase, le travail devient une sorte de routine, les mêmes gestes et propos sont répétés à longueur de journée. Ce serait évoluer si on pourrait acquérir un local pour exercer ce métier noble et surtout toucher à des affaires qui ont trait à un savoir plus étendu, qui relève de cour de justice etc.

Mr. Hmida n'imaginera jamais coopérer avec un tiers pour rédiger la rédaction d'un bouquin qui va bouleverser le monde de la littérature.

Chapitre : 03

Qui est Mr. Mamhoune ?

Un individu qui a fait du chemin dans la souffrance, physique et psychologique ? De tout repos ? Sa vie ressemble plutôt à une masse compacte de difficultés allant crescendo assombrir le ciel ; une chienne de vie ! En écoulant les dernières graines de son chapelet de son existence il découvre le pot à roses, la source de son mal, caché. Il n y a pas de qualificatif pour désigner ce qu'il sait désormais ; et au lieu de rester à sasser, nuit et jour, ce qu'on lui a fait, pour l'anéantir, il prend les choses du bon côté. Ici-bas, sur terre, il y a le bien et le mal ; le bien a ses partisans et le mal a aussi les siens ; un combat rude et sans pitié est engagé chaque jour que le bon Dieu fait ; lui Mamhoune, juge que son expérience peut être bénéfique à beaucoup de gens qui ne cherchent qu'à avoir une place au soleil et qui par malchance, ou simplement le destin a fait qu'ils soient en contact avec des personnes méchantes, affreuses et vilaines.

Après avoir méditer longtemps quant à faire passer un message en bonne et due forme à beaucoup de gens souffrant d'un mal inconnu voire étrange et bien d'autres, que l'avenir leur réserve une malencontreuse aventure, il opte pour la tentative d'écrire un bouquin qui traite un sujet hors du commun.

Ce que détient Mr. Mamhoune est réservé, peut-être, à quelques personnes initiées ou voulant l'être pour une raison ou une autre. Beaucoup d'autres ont une ignorance totale qui a trait à ce domaine, et enfin une catégorie de gens qui n'en veulent pas entendre parler.

N'ayant aucune expérience en matière d'écriture, Mr. Mamhoune entame des recherches pour prendre connaissance des conflits qui ont opposé les uns aux autres à travers les siècles. Et puis il a commencé à prendre des notes éparses tout en cherchant quelqu'un de bien callé en matière d'écriture afin de parfaire une œuvre grandiose.

....

De prime abord, s'adresser à un romancier de talent est à exclure. Trônant au sommet d'une pyramide, et surtout si sa position a été acquise par la force de l'intellect, les divagations d'un blanc bec, ne l'intéressent pas. Un débutant faisant ses premiers pas dans l'écriture romanesque, outre son manque d'expérience, et surtout en ce qui concerne un sujet aussi sensible que celui relatif à Mr. Mamhoune, le message à passer fera surement l'effet d'un pétard mouillé. Par un matin du mois de...Mr. Mamhoune passe par le bureau de poste d'un petit village.... Afin de retirer de l'argent de sa maigre pitance et voit pour la première fois un vieux bonhomme assis sous un arbre à remplir des chèques et des mandats aux clients. Un écrivain public venu d'un petit patelin juste à côté du petit village !? Du jamais vu et normalement ce genre de boulot s'exerce dans de grandes agglomérations où il y a un flux important d'entrées et de sorties d'argent. Toutefois, le bonhomme qui se tient assis sous un arbre ne se soucie guère de cela. A plusieurs reprise il le voit soit lire un bouquin, la plupart du temps genre policier, soit il prend des notes sur un calepin. L'idée de lui faire part de son projet, lequel au fil des jours, a tendance à perdre de son énergie vitale, effleure son esprit, mais il reste hésitant.

....

Le hasard fait bien les choses, parfois, en passant par la poste, et Mr. Hmida est en train de lire un bouquin qui a pour titre : guerre et paix !

.... Je ne sais pas ce qui a m'a pris, raconte plus tard Mr. Mamhoune, je me suis invité moi-même et pris le bouquin pour le consulter. --- j'ai le même bouquin chez moi, édité dans une autre collection avec une préface qui s'étend sur une vingtaine de pages, écrite par.... et puis la fin du roman retrace la vie de l'auteur, ses œuvres etc. choqué ? Ça serait peu dire de la réaction de ce prétendu Mr. Hmida qui après avoir desserré ses freins se lance dans un discours qui tiendra la route reliant le nord au sud du pays. Mais on dirait que les quelques propos émis par le truchement de ma voix ont actionné l'écoulement d'une rivière retenue depuis des lustres par une digue. Mr. Hmida se plait toujours de raconter sa vie à qui voudrait lui prêter une oreille attentive.

Chapitre : 04

Depuis que le monde est monde, partout où les humains ont élu domicile, chaque parcelle du terrain a été le théâtre d'un conflit quelconque. Guerre ; révolution ; soulèvement populaire ; émeute ; conflit armé etc. le qualificatif importe peu pour désigner deux pans de la société ; deux hommes ; deux tribus ; deux nations entrées en collision. Pour un oui, pour un non, deux individus tirent leurs épées ; leurs pistolets. On s'affronte à mains nues en usant de différentes disciplines de combat, un véritable art de guerre.

Mr. Hmida en sait un bout pour avoir fouiné un peu partout et lu un tas de bouquins qui traitent de la question. Cela a commencé a commencé avec Adam, le père de l'humanité, ses enfants Abel et Caïn, l'un a tué l'autre, et la raison n'est pas vraiment quelque chose qui pousse à ôter la vie à un être humain. Il y a eu la guerre de cent ans ; les deux guerres mondiales. En Amérique le nord a affronté le sud ; les hommes blancs ont exterminé les indiens. Guerres de religions, vous dites ? La grâce divine envoyée par l'intermédiaire de messagers est souvent mal interprétée par les hommes qui s'accusent mutuellement de manque de foi, accusent l'un d'eux qui ne partage pas avec eux le même culte etc.

Toute une communauté, les personnes valides plus particulièrement, s'en vont en guerre. Ils prennent la mer pour rejoindre en bateau un front où la bataille fait rage. A pieds ; à bord d'un véhicule tous types ; par avion- cargo, on répond à l'appel afin de sauver un petit peuple qu'un empereur souhaite asservir. On meurt sur le front ; on est blessé, et parfois on revient sain et sauf. Beaucoup plus, on ramène avec soit un butin, argent et or, parures et joyaux ; une femme prise comme épouse avec qui on a partagé les dures moments d'un cauchemar face à l'ennemi. Le conflit peut durer un moment voire s'éterniser, on apprend le patois de la région, du petit peuple, une culture, un savoir- faire, toute une science pour faire profiter la nation d'origine etc.

....

Mr. Hmida comme beaucoup de citoyen.... A lu dans les livres d'histoires contemporaines qui louent notre indépendance acquise par la force des armes le sacrifice de milliers de compatriotes morts sur le champ d'honneur. La liberté, soulignent certains auteurs : est un arbre qui s'abreuve de sang de martyrs, pour une cause juste, en quelque sorte, dans la plupart des cas.

Chapitre : 05

Avec le développement des technologies nouvelles, l'existence de mercenaires : des hommes sans foi ni loi, sont payer pour faire la guerre, n'est plus un secret pour personne. Des camps d'entrainement existent un peu partout à travers le monde, dans lesquels s'enrôlent de jeunes gens de différentes nations, cela s'appelle la légion étrangère, et leur crédo : marche ou crève. Mais le plus étrange dans tout ce qui a trait aux conflits, tout azimut, est la guerre froide !

Cependant, Mr. Mamhoune tient à raconter quelque chose d'hors du commun. Incroyable ce que lira celui chargé de faire la rédaction du conflit qu'il souhaite révéler au grand public. Que de telles réalités voire d'évidences, restent cachées, le chagrinent énormément. Que lui a souffert pendant de longues années pour rien, sans faire profiter les autres de son expérience, fait déborder le vase.

....

Seriez-vous en mesure d'écrire en collaboration avec moi une histoire personnelle, qui pourrait profiter à tout un chacun du commun des mortels ?

Mr. Mamhoune, après avoir frappé à toutes les portes, pense solliciter les services de Mr. Hmida, l'écrivain public, qui se tient au quotidien à proximité du bureau de poste du petit village…., comme ultime recours. Ce dernier fait la sourde oreille en continuant à lire un bouquin de la série noire, collection sociologique qui traite des affaires criminelles, entre autres, qui ont comme lieu de prédilection le Bronx en Amérique.

Un lecteur assidu de bouquins de cette collection a un aperçu sur ce quartier où la police n'ose pas s'y aventurer. Crimes ; banditisme ; vente de came ; prostitution et crime organisé, sont là le lot quotidien de cette réserve où les laisser pour compte élisent domicile. Un monde en perpétuel mouvement, ni guerre ni paix que des sociologues essayent d'étudier et dont le traitement à administrer dérange les occupants des hautes sphères.

Mr. Hmida finit par fermer son bouquin et se tourne du côté de Mr. Mamhoune. ---- vous dites avoir une affaire à me proposer ? L'écriture est ma raison de vivre plus que les aliments que je prends deux fois par jour ; l'eau que je bois, selon l'effort, le froid ou la chaleur, et je ne me lasse jamais de deux choses : lire et écrire. Je lis beaucoup afin de perfectionner ma langue d'écriture ; dénicher quelques rares expressions que beaucoup de romanciers ne connaissent pas ou en usent peu. Et au gré des idées qui traversent mon esprit j'en choisis une qui vaut le coup d'être étudiée, et mo stylo est mis sur piste pour donner des noms à des personnages ; des lieux et des actions. Rares sont les sujets qui stoppent la progression de mon stylo sur papier. Il arrive parfois que je me trouve devant l'embarras du choix, entre telle ou telle suite à donner à une œuvre en bonne et due forme. Mais vous… ?

---- Mr. Mamhoune…

---- vous détenez vraiment une idée originale ?

---- effectivement, peu d'auteurs se sont penchés sur ce sujet fort délicat, qui est d'actualité au jour d'aujourd'hui. Voyez-vous, Mr. Hmida, celui qui pense que la fin du monde est pour demain n'a pas tort. Il y a trop de similitude entre ce qui ce passe et ce qui s'est passé à des époques lointaines ; le mal revient en force. Et ce n'est pas par hasard que le monde s'enflamme un peu partout, des guerres qui éclatent un peu partout, au nord comme au sud ; à l'est comme à l'ouest. Au sein de la cellule familiale certaines valeurs morales tendent à disparaitre ; le chacun pour soi devient une sorte de fuite face à un comportement des autres membres, irresponsables, voire des parasites qui n'entendent pas de la bonne oreille ce frère consciencieux, et deviennent méchants. Et lorsqu'on ne trouve pas de paix chez soi et on fuit le domicile tôt le matin pour revenir tard le soir, tous les conflits qu'ils soient d'ordre familial ; régional ou planétaire, ont un dénominateur commun qui se résume comme suit : on veut utiliser les autres à des fins personnelles !

Par vouloir utiliser son semblable s'entend de : la simple demande d'accomplir un travail à sa place, jusqu'à payer pour une faute commise par lui !

Toutefois, ce que moi, Mr. Mamhoune, souhaite consigner par écrit et laisser comme une trace de mon passage sur terre--- et pourquoi ne pas faire profiter les autres de mon expérience--- dépasse tout. Et afin de vous mettre dans le bain je vous ai apporté, Mr. Hmida, ces quelques lignes rédigées à la va-vite d'un récit qui a pour titre : l'ennemi invisible...

Chapitre : 06

Mr. Mamhoune rentre chez lui en laissant à Mr. Hmida, un écrivain public en stationnement devant un bureau de poste, un projet d'écriture. Le lira-t-il cet « ennemi invisible » contenu dans une dizaine de pages ?

Mr. Hmida, après avoir durant une vingtaine d'années rempli sa tête de n'importe quoi essayant d'être en harmonie avec la nature qui a horreur du vide, en choisissant, pour un temps, de jouer à l'écrivain public, afin de se ressourcer, n'a jamais eu l'idée d'écrire un quelconque bouquin ; écrire n'importe quoi n'est pas à la portée de n'importe qui. Des études très poussées ne sont pas un précurseur pour noircir des pages blanches. Il faut tout simplement avoir de l'imagination. De l'imagination seulement ? Non, un écrivain est surtout témoin de son époque. Que ce soit en vers ou en prose, les paroles sont vont les écrits restent. Comparativement à la majorité silencieuse, que représentent les intellectuels ; les hommes de lettres ; les artistes de renom à travers le monde ?

--- on écrit sa biographie par soi- même ou par un tiers qu'on désigne par le nominatif de nègre. On écrit avec l'espoir de marquer son époque et faire valoir des idées sur cette existence en perpétuel mouvement, et pour avoir un certain confort matériel.

---- on écrit pour chasser l'ennui, sorte de passe-temps, comme quelqu'un qui fait le point avec soi en récapitulant des informations acquises à conserver et d'autres à jeter aux oubliettes. L'écriture, une sorte de thérapie ; pourquoi pas ? Dans la mesure où on étale nos qualités et nos défauts ; des fautes répétées ; des problèmes, toujours les mêmes sur lesquels on bute sans chercher à les résolver ou bien de peur d'ouvrir une porte sur l'inconnu, et qui nous fait découvrir qu'untel est, au bout du compte, autre chose que ce qu'il prétend être !

Mr. Mamhoune a mis la puce à l'oreille en laissant un écrit aux générations futures, et c'est par simple curiosité qu'il passe en revue cet ennemi invisible.

....Qui sommes-nous, nous appelés les humains, au juste ? J'avoue, continue Mr. Mamhoune, que peu de gens se sont posé cette question. Notre science et le savoir-faire recueilli à travers les siècles serviront-t-ils à quelque chose, alors que chacun de nous sait qu'il a une fin ? L'univers disparaitra-t-il un jour ? Dans ce cas notre souffrance ou notre bien-être aura servi à quoi ? Et puis il est de notoriété public que tout le monde n'est pas beau ; tout le monde n'est pas gentil. En connaissance de cause je ne fais que répéter une réalité qui saute aux yeux. Au beau milieu d'un carrefour je me suis arrêté, ne sachant plus quel chemin emprunter. La notion : bon/mauvais n'a absolument aucun effet sur un corps qui refuse d'obéir et veut comprendre. Il y a maldonne, tricherie, et puis il se passe comme si on suit un chemin qui mène quelque part et dont la destination se dessine au fur et à mesure qu'on avance. La première barrière psychologique est difficile à franchir ; on hésite longtemps avant de se décider à faire un pas salutaire sinon fatal ; certains gens rebroussent chemin après un engagement en bon et due forme. La progression est facilitée par les compagnons de route qui se tiennent en tête de file et qui tout en leur personne et leurs actions incite à persévérer pour les rattraper sinon à aller plus loin et les dépasser. Une voix à l'intérieur de nous-mêmes, une ou plusieurs, nous susurrent et peuvent être aux antipodes les unes des autres. Et on glisse ; on glisse, et soudain une autre barrière, comme tombée du ciel ; se dresse en travers de notre voie. Et plus on se rapproche du point final et plus on n'hésitera moins à franchir en coup de vent cette nouvelle barrière. Toutefois, pour certains, pour des raisons obscures, cela se passe d'une manière exceptionnelles et qui pousse à réfléchir.

Chapitre : 07

Certains individus disent être venus au monde avec un cheveu dans la bouche... à peine avoir ouvert les yeux, et dès les premiers pas, une suite sans fin de problèmes dont la solution ressemble à la recherche d'une aiguille dans une botte de foin. On a tendance à devenir fou, à devenir mauvais en reniant toute croyance et perdre la foi ; rares sont les gens qui découvrent l'origine de leur mal et arrivent à s'en sortir.

Médecins et philosophes ouvrent les yeux tout ronds devant des troubles qui apparaissent et disparaissent sans laisser de traces. Lors d'une crise, le mal atteint le pic ; certains médicaments (drogues) ne font que calmer une douleur dont la cause est ambiguë.

Ceux comme moi, Mr. Mamhoune, qui ont payé un lourd tribut, éprouvent une peur pour le restant de leurs jours à écouler avant le grand voyage dans l'au-delà. C'est surtout une raison de vivre d'une existence foutue en l'air ; et puis une expérience d'anciens combattants pour une cause juste à faire profiter aux nouvelles recrues pour un éternel combat jusqu'à la fin des temps. Ne connaissent vraiment le bien que ceux qui suivent le droit chemin ; le mal, lui, œuvre et n'use d'aucun artifice pour être désigné comme tel. Au contraire, il se couche, fait le mort, use de tous les qualificatifs sauf sa nature réelle.

Un enfant vient au monde, tout de suite il est visité et désigné comme pouvant être ami ou ennemi. Un suppôt de Satan est affecté avec pour mission fort délicate et qui tient au courant cette dimension du mal. Un monde à l'envers ; une échelle de valeur renversée est alors vécue au quotidien par celui qui se soumet au bon Dieu. L'ange gardien ne lui échappe pas cette tentative de pervertir cet être innocent. Lui aussi travaille dans l'anonymat, de sorte que le sujet, non encore positionné à droite ou à gauche, se trouve tiraillé entre deux forces et ne peut discerner le bien du mal.

Après bien des aventures, il arrive qu'un individu délaisse cette course contre la montre qui consiste à chercher plaisir et amassement de fortune ; sa personnalité se dissout dans un idéal, celui d'être agréer par le créateur de l'univers, par exemple. Commence alors un examen, un ou plusieurs, selon le cas. La grâce divine est alors vécue pleinement par celui qui réussira à franchie toutes les étapes où le mal s'ingénie à déployer toutes ses forces et use de ruses diverses. Vainqueurs, d'ici –bas nous parviennent les senteurs d'un paradis réel. Et puis commence en tout notre être une métamorphose pour semer le bien où que nous allions.

Chapitre : 08

Qui de nous a entendu parler d'un commerce avec le bon Dieu ? Le grand Manitou accepte l'aumône de ses fidèles serviteurs. On prête de l'argent ; un savoir-faire ; un coup de main, tout cela afin de venir en aide à un pauvre malheureux. On oublie, des fois, notre petit geste, insignifiant. Notre seigneur n'oublie jamais, et lorsque sonne l'heure d'un compte à rebours, on ouvre de grands yeux devant une pluie de biens de toutes natures qui s'abat sur notre frêle personne ; la récompense est en fonction de notre patience. Sans un geste et sans un soupir on se soumet corps et âme à celui qui a créé cet univers.

Moi, Mr. Mamhoune, j'en connais de ce qu'un être peut vivre afin de bénéficier de la grâce Divine. Mis à l'épreuve selon ma capacité d'endurance, le peu de temps qui me reste à écouler, je me consacre corps et âme à œuvrer afin d'être logé à bonne enseigne de l'autre côté du mur. Est loin ce jour de passage de la barrière ? Rien que la mort me sépare. Et si tous les autres, mes semblables, ont du doute quant à rendre des comptes, moi, j'en ai la certitude. La preuve de ce que j'avance ? J'en ai toute une vie à raconter ; une misère sans nom à décrire ; un combat à rapporter ses faits dans les détails. Et puis ce grand combat, unique en son genre, a fait l'objet de plusieurs batailles, successives. J'en ai gagné quelques -unes après avoir essuyé plusieurs défaites. J'ai été massacré au sens propre du terme ; des séquelles j'en garde jusqu'à la tombe….mais, qu'est-ce que je suis de dire là ? J'en n'ajouterai plus un mot, à moins que vous croyiez vraiment à l'ennemi invisible. Dans ce cas seulement faites- moi un signe de loin et je rappliquerai en vitesse.

Mr. Mamhoune

Chapitre : 09

En terminant la lecture des feuilles noircies par Mr. Mamhoune, Mr. Hmida, l'écrivain public, qui se tient devant le bureau de poste du petit village….ne manque pas de lancer un fou rire qui signifie, peut-être, tout ou rien. Mr. Hmida est-il prêt à s'embarquer pour une aventure qui mène où ? Bizarre est Mr. Mamhoune ? Il en a vu de plus ambiguës, et puis ne dit-on pas que chaque individu est unique, un cas spécial ? Lui –même traine dans son sillage un tas d'histoire à raconter ; des contes à dormir debout sans pour autant oser les mettre par écrit. Ce nouveau métier d'écrivain public il le fait non pas par un souci de gain mais pour passer le temps. Comme tout un chaque Mr. Hmida semble à ce moment être au creux d'une vague. A un moment donné, après mûres réflexions, un départ en retraite anticipée s'est imposé comme une sorte de thérapie, mettant fin à une souffrance. Et puis psychologiquement, Mr. Hmida n'a pas pu tolérer le fait que lui, faisant la cinquantaine trimant du matin au soir, certains de ses collègues roulant les pouces au vu et au su de la hiérarchie ! Six années plus tard, le naturel est revenu au galop. On voit le jour ROI ou taureau et on ne peut rien y changer.

....

Est-ce par hasard que Mr. Hmida ait choisit ce lieu pour exercer un petit métier, juste pour payer le transport aller- retour à son domicile et puis de temps à autre se payer un café ; un sandwich et ramener du pain , des fruits à la maison ? Non, il a tenté sa chance ailleurs sans résultat du fait que dans les grandes agglomérations, deux et même trois écrivains publics, la plupart des vieux bonhommes, ont pris racines depuis belle lurette et se sont donné le mot pour rendre la vie dure à un quelconque aventurier souhaitant chasser un gibier dans un territoire d'une chasse gardée. Il y a un écrivain audacieux qui lui a exhibé une autorisation d'exercice lui signifiant que s'il comptait séjourner longtemps dans les parages il devrait en avoir une lui aussi.... Au petit village où il s'est installé, les titulaires d'un compte courant postal se comptent sur le bout des doigts, généralement des retraités ; des gens de passage. De la journée du 20 de chaque mois jusqu'à la fin, une journée sur deux peut être appelée une journée normalement travaillée. Puis plus rien. Mr. Hmida fait la connaissance de deux facteurs qui lui racontent des blagues ; leur vie etc.

Juste après avoir accepté de jeter un coup au petit manuscrit dans lequel Mr. Mamhoune parle d'un ennemi invisible, les choses se gâtent. Désormais, les quelques sous récoltés pour remplir un chèque ou un mandat ; une demande manuscrite, genre merle noir avec une plume blanche à la queue, sont partagés avec un nouveau-venu !

Mr. Omar, que Mr. Hmida connait depuis une dizaine d'années pour avoir travaillé ensemble au sein d'une même entreprise, vient se targuer d'avoir occupé les lieux il y a de cela plus de 18 mois ; il s'est absenté quelques jours pour des raisons familiales. Il ne chasse pas ouvertement Mr. Hmida mais il court derrière les clients de la poste, comme qui dirait un crève de faim demandant une aumône. Mr. Omar vient chaque samedi et puis certains jour où la clientèle bat son plein. Mr. Hmida oppose contre cette infortune bon cœur. Et c'est alors qu'il se remémore de Mr. Mamhoune, il pense remplir un vide en l'écoutant débiter les scènes d'un combat, peut-être, imaginaire, en attendant des jours meilleurs dans un prochain avenir.

Chapitre : 10

Condamnés à végéter sur terre, nous le sommes tous sans exception. La plupart d'entre nous errent sans but précis. Par des étapes successives, nous passons, jusqu'à notre trépas. A un moment donné on ressemble à une machine qui engloutit nourriture diverse qu'elle noie dans une eau ou liquide, chaud ou froid ; salé ou amer ; aigre ou doux. Accumulé, durant des décennies, cet apport, à un organisme en plein croissance, est transformé ; brulé ; stocké, et puis certain de ce produit est destiné à perpétrer notre race. On court, sans prendre la peine de réfléchir à ce que nous sommes en train de faire, derrière de l'argent, monnaie d'échange ; une place honorable ; derrière un crouton qui nous file entre les doigts. Parfois, on prend conscience trop tard, sinon jamais, de l'existence d'un idéal qui n'effleure même pas l'esprit de la quasi-totalité des gens. Très dur de renoncer à un festin ; à une orgie de tout genre, au profit d'un éden qui viendrait après destruction et renaissance ! On parle d'adoration voire de folie d'un quelque chose. Notre destinée est inscrite dans notre inconscient; peut-être accessible pour une minorité de gens....

Mr. Mamhoune est stoppé par Mr. Hmida qui veut aller droit au but quitte à bruler toute introduction.

---- vous parlez d'un combat... n'est-ce pas, alors on l'écoute aujourd'hui ou bien c'est pour demain ?

--- voyez-vous, déclare Mr. Mamhoune, il n'est pas facile de vous parler d'un combat unique en son genre sans une préparation au préalable. Mon combat, à moi, est inscrit dans toutes les parties de mon corps pour l'avoir mené durant plus de 25 années. Forcé de le faire, beaucoup plus lorsque j'ai pris conscience, j'étais en plein dedans d'une énième bataille, changement de tac tic de la part de mon ennemi pour avoir essuyé de lourdes pertes mais poursuivant jusqu'au bout un combat, ne tenant plus qu'à un fil qui me relie à mon seigneur et maitre.

....

Voyez-vous, Mr. l'écrivain, poursuit Mr. Mamhoune, on est forcé de choisir son camp ; impossible de rester neutre ou bien d'avoir un pied dehors et un autre pied dans l'un ou l'autre camp, encore moins de passer d'un camp à l'autre au gré de son humeur. Et pourtant, moi, je n'ai choisi le mien qu'après avoir longtemps hésité et dansé sur un pied puis sur l'autre. En effet, tout en ma personne réclamait assistance d'un guide. Et j'ai opté pour ce que j'ai cru être le bon. Et cela n'est pas suffisant, il faudrait répéter matin et soir des formules rappelant aux adeptes du mal qu'ils sont damnés. Et la machine infernale et destructrice s'est enclenchée visant ma frêle personne.

Chapitre : 11

Je me souviens, un soir, être rentré à la maison très fatigué. Ma fatigue ne peut être expliquée du fait que ma journée n'avait rien de particulier par rapport aux précédentes, une sorte de routine qui sévissait depuis beaucoup de temps. En effet, lorsqu'on arrive à maitriser un ensemble de tâches au quotidien, nos gestes deviennent machinaux. Bref, j'ai fait mes ablutions, comme d'habitude, accompli ma prière de l'après- midi et puis j'ai commencé à lire le livre saint. Un moment… et puis il m'a semblé être débarrassé d'un lourd fardeau qui pesait sur mes épaules… je suis resté ébahi !

…………………………… …………………………… ……………………

Un incident un peu particulier qui arrive une fois, par hasard, est susceptible d'être oublié voire effacé de la mémoire ; plus le temps passe, et plus les chances de remonter à la surface de la conscience deviennent difficiles. Et j'ai presque oublié cet incident lorsqu' un autre fait étrange est venu jeter des troubles dans ma chienne de vie.

D'autre part, il m'arrivait souvent, alors que j'étais encore célibataire, de m'installer après la prière du coucher du soleil dans la mosquée pour prier et lire le livre saint en attendant la prière de la nuit (el aicha). Et j'ai lu d'un seul trait la grande sourate d'el Imran (la famille de Joachim), et il m'a semblé ressentir comme un tremblement de terre, un petit séisme de faible magnitude. En rentrant à la maison j'ai relu la sourate en question et le même phénomène s'est reproduit !

Chapitre : 12

--- si je comprends bien, Mr. Mamhoune, vous avez été en proie à des hallucinations ?

---- désignez- les comme vous voudrez… certains faits pour les comprendre, il faudrait peut-être les vivre…

Et Mr. Mamhoune continue sa narration à Mr. Hmida, l'écrivain public, qui prête une oreille attentive à ses divagations…

…. Un autre monde, parallèle au notre, existe-t-il ? Très difficile à y croire, on dira peut-être : pourquoi pas ? Rares sont ceux et celles qui cherchent la vérité, et puis : quelle vérité ? Avons- nous le temps et les moyens pour faire ne serait-ce qu'une simple tentative. Les gens nantis savourent plutôt les biens faits d'une fortune pour laquelle, dans bien des cas, ils n'ont pas sué ; mal acquise etc. Ceux, d'entre- nous, que la quête du crouton accapare tout leur temps, avec leur estomac qui sonne le creux, ils ont une tête complètement déconnectée.

--- mais, moi, j'ai cru comprendre, si j'ai bien compris, que vous parliez d'un combat, réel ou imaginaire ? Demande Mr. Hmida.

--- réel, comme je vous vois, grandeur nature, avec sa couleur et son amertume. Seulement, on a affaire à plusieurs soldats qui ne se différencient guère les uns des autres et agissent de concert pour un même but et veulent votre destruction. Se relevant tout le temps, de jour comme de nuit, la machine infernale, mise en branle par un être humain qui incarne le mal, ne pourra s'arrêter qu'en cas de force majeur. Cependant, la personne malveillante pense agir à sa guise, de son propre chef alors que dans quatre-vingt- dix- neuf pour cent des cas elle obéit à cette force Diabolique. Et le mal choisit toujours parmi ses adeptes la personne la plus proche de son ennemi juré lequel il lui mène la vie dure, et ce dernier, comme mon cas, met un temps fou pour découvrir la source de ses tourments. Combien de gens ont retourné la veste et se sont ralliées à l'ennemi ? Combien d'autres sont devenus fous ? Combiens sont ceux qui se sont suicidées ? Et tous ou presque n'ont vu que du feu : telle une vache qui voit passer un train duquel elle cerne une forme et entend un ou des bruits sourds. Moi, je ai trouvé mieux que de tenir jusqu'à la fin. Mais comment je vais vous conter ce combat ?

....

---- sans lui attribuer un titre, déclare Mr. Hmida, votre récit n'aura pas un sens. Mais comment choisir un titre ? Il doit donner une vue globale sur les événements, du début jusqu'à la fin, de façon à ce que le lecteur saura d'avance à ce qu'il concède à dépenser un temps, et quelles informations il aura à recueillir de cette éventuelle lecture. Après cela un écrivain sans expérience pourra errer longtemps avant de trouver la voie la mieux approprié afin d'être claire autant que faire se peut et rapporter les faits en usant de qualificatifs propres. S'agissant de faits réels, les artifices n'ont pas leur place dans ce genre de récits. On pourra toujours adoucir certains faits choquants, sans quoi cela pourrait pousser le lecteur à rejeter en bloc une réalité qui dépasse la fiction ! Étudiée sous un angle approprié ---- car dans bien des cas on ne rapporte rien sans une analyse profonde--- doit l'être une histoire exceptionnelle. Et le mieux est de se placer comme informateur sans trop se passionner ni faire part de sentiments personnels lesquels n'apportent pas un plus au lecteur ni rendre le récit plus attrayant ; ils encombrent plutôt un conte qui prête déjà à équivoque.

Un écrivain de renom, romancier qui a fait ses preuves, a un style particulier qui le différencie des autres, il pourrait plaire sinon être rejeté par un amateur de bouquins ayant lu peu et sans une grande patience pour une fin heureuse ou un secret à découvrir au beau milieu du bouquin. En ce qui concerne votre histoire de : combat singulier, ça risque même si elle voit le jour ; de rester au niveau d'un éditeur sinon s'empoussiérer sur les rayons d'une bibliothèque d'un coin perdu. Mais une solution existe tout de même ; vous chercher à faire profiter vos semblables d'une riche expérience, mettre à leur disposition les clés d'une science délaissées pour différentes raisons ? Alors, il faut trancher sur une question essentielle : écarter tout ce qui a trait à un apport pécuniaire réel ou supposé.

Chapitre : 13

Et Mr. Hmida prend Mr. Mamhoune comme associé qui ne le quittera, désormais, plus du matin au soir. Ce dernier raconte et fait couler de sa bouche comme un trop plein, que lui consigne par écrit, fixe juste les idées qu'il compte développer ; façonner, pour en faire un bouquin. Trois mois et une dizaine de jours est le temps que dure cette narration entre coupée par un chèque à remplir ; par une demande manuscrite de....rédigées à la-va-vite par lui. A sec, Mr. Mamhoune, est comme une source tarie, n'a plus espoir de se remémorer un fait isolé ou lié à une quelconque circonstance, il est renvoyé à ses occupations habituelles. Et Mr. Hmida, l'écrivain public, après avoir ruminé des données propres à un combat qui s'est étalé sur une période de 25 années, acheta un calepin neuf ; un stylo et s'attela à un boulot duquel il pense faire un best- seller.

Mr. himda se cherche et le premier obstacle est le titre qu'il donnera à ce bouquin. La grande bataille ; duel ; l'ennemi du bien, et beaucoup d'autres sont essayés à tour de rôle. Finalement, un combat singulier est retenu comme décrivant un affrontement entre deux entités appartenant à deux mondes opposés l'un à l'autre et dont le premier chapitre s'intitule : le monde parallèle.

Dans le premier chapitre, par la suite, Mr.Hmida se trouve comme débarrassé d'un lourd fardeau. En effet, le lecteur, quel que soit son niveau d'instruction, s'il admet l'existence d'un monde qui chevauche avec le nôtre, il continuera à progresser... consultant les autres chapitres dont le contenu dépasse de loin la fiction, sinon rejeter ce bouquin. Le contenu de ce préambule est comme suit :

.... J'étais pénard, moi, Mr. Mamhoune, mon existence se résumait à joindre les deux pôles : aller le matin au boulot et revenir le soir à ma demeure. La vie n'était pas facile mais je faisais de mon mieux pour ne pas sombrer dans la tristesse, quelques sous pour subsister et puis un grand espoir nourri par une santé éclatante et une jeunesse. Ça aurait pu continuer de cette manière si je n'avais pas pris la décision de me marier. Et j'ai pris un grand retard considérable pour me ranger, garer ma voiture, une R11 dont les pieds qui ne répondaient plus à une tête qui lorgnait le sexe opposé. Avoir un petit chez-soi ; préparer une nourriture saine à la portée de sa bourse et puis pourquoi pas un prolongement à sa personne appelée à disparaitre un jour. Bien des gens sont entrés du jour au lendemain dans cette cage en or appelée mariage. Moi, j'ai erré longtemps jusqu'à perdre gout. A deux doigts de m'unir à une élue de mon cœur tout foirait et remis en cause. Mon beau- frère décédé d'un cancer de poumons en laissant 08 gosses dont l'ainé avait 15 ans et le dernier de la série 09 mois ; très sensibles, j'ai compatis à la douleur de ma sœur qui ne savait plus où donner de la tête, et c'est alors que cette dernière me parla de ma future femme. Le bon Dieu a ouvert une porte, celle du destin. Comme une voix intérieure me dit que si cette fois encore il va y avoir échec, plus jamais je ne referais de tentatives. En cinq secs la boucle fut bouclée et l'acte du mariage est rédigé et signé par les deux contractants. Mon futur mariage avec Melle... fut béni d'avance, avant consommation. En effet, j'ai tout de suite bénéficié d'une promotion pour passe d'un simple agent de facturation au grade de technicien, suite, bien sûr, à une petite formation accélérée de six mois. En parallèle, j'ai été en proie à une sorte de malaise qui me saisissait de temps à autre. J'ai quand même regagné mon poste de travail. Et puis ma vie n'était plus ce qu'elle avait été avant le mariage. Je n'avais plus idée de ce qui se passait autour de moi. Que ce soit à la maison ou sur le lieu du travail ; j'étais comme un poisson hors de son eau. Orage puis brève éclaircie ; des accrochages verbaux avec insultes ; des menaces de toute nature et surtout une peur voire une phobie de perdre mon boulot. Comme évoluant sur une voie caillouteuse j'ai essayé de tenir la route et ça a duré longtemps.

Chapitre : 14

Des Monsieur- tout le monde, c'est la majorité des gens qui peuplent la surface de la terre. Sans un problème sérieux, on passe de vie à trépas sans avoir idée de l'essentiel. Des idées nous viennent en tête suite à un entretien avec une autre personne ; une information recueillie de la bouche même d'un tiers ; après lecture d'un bouquin, avoir suivi une émission radio ou télé etc. moi, Mr. Mamhoune, ma quête de la vérité résulte d'une série de problèmes non expliqués jusqu'à une date récente. Je me souviens comme si cela datait d'hier être pris d'un malaise et revenu dar dar à la maison interrompant un travail. Une autre fois, je me lève comme quelqu'un ayant perdu le nord, ma vue est floue, à peine si j'arrivais à apercevoir la forme des gens. Et je me rends quand même au boulot, par un jour férié ! Presque arrivé à la porte de l'usine je reviens sur mes pas. Quelques heures après le flou se dissipe et je retrouve une vision normale des choses. Au beau milieu de la nuit je me réveille ne sachant plus qui je suis ; j'entre aux toilettes et je ressorts dégoulinant de sueurs ; mon cœur, tout d'un coup, à deux doigts de cesser de battre. A un moment de mon existence je me surprends en train de faire le pitre ; là où je mets les pieds je joue au clown, mon existence je la prends à la légère, pas de sérieux du tout. Parmi les gens que j'ai connu auparavant, au lycée puis au travail, presque perdus de vue, lors d'une rencontre fortuite ils ne cessaient de me faire la remarque : --- mais, qu'est-ce que tu as ? Mais on dirait que toute la misère humaine est en train de s'abattre sur ta personne !

Je ne saurais décrire ce qui m'arrivait avec exactitude tellement mon malheur est grand, ni situer par ordre chronologique les malheurs qui m'empoignaient de temps à autre. À la maison comme sur le lieu du travail on chantait le même refrain : j'étais comme de trop au sein de ma famille, des querelles prenaient comme un feu de brousse pour un oui et pour un non. Il ne manquait plus que chacun tire son épée, sa hache de guerre ou son fusil. Au boulot, ma hiérarchie voulait me liquider ; mes collègues de travail voyaient en ma frêle personne un débile mental à utiliser. Puis un jour, juste après mon retour du boulot, j'ai voulu jouer au réconciliateur entre deux membres de ma famille qui se chamaillaient, cette nuit une guerre sans préavis m'a été déclarée !

....

Claustrophobie, vous dites ? Photocopie conforme à l'originale, toutefois, l'agent pathogène n'est pas un microbe ou virus ni un traumatisme crânien. Une année et quelques poussières, je suis rivé à mon poste de travail sans possibilité de le quitter ni de sortir hors du bâtiment. Je traverse la rue en courant pour rejoindre mon chez-moi dès ma descente du bus du transport du personnel. Avec le temps, ma hiérarchie a vu en ma personne un bras cassé ; j'ai été mis comme en quarantaine, sorte de voie de garage, avant de me confier au service du personnel pour une éventuelle mutation sinon un licenciement.

………………………… …………………………… ……………………………

Le mal existe et travaille ; le bien lui aussi, il est même plus fort, rien n'est en mesure de s'opposer au destin. Contre vent et marais, une décision émanant du directeur central est venue mettre fin à des années de errements, sans poste de travail. Je fus envoyé suivre un stage de formation et puis recasé ailleurs au sein d'un centre de production. Technico -administratif, mon nouveau job m'allait comme un gant. Toutefois, j'ai commis l'irréparable, par ignorance.

Chapitre : 15

Les saintes écritures parlent d'anges gardiens, des soldats des cieux et de la terre. On parle aussi de démons et d'âmes errantes. Hors circuit, on est libre d'avoir l'opinion qu'on voudra à ce sujet. Une fois mis dans la ligne de mire d'une personne malveillante voire machiavélique, on se rappellera, peut-être, après moult mésaventures les divagations d'un charlatan ou soucier ; un guérisseur à la traditionnelle avec potions magiques et herbes séchées à l'ombre !

Dans les souks populaires l'image d'un guérisseur ; d'un soi-disant exorciste, homme ou femme, avec un groupe de gens de tout âge qui s'agglutinent autour de lui, je les ai toujours mal vus. --- oh ! Il y a toujours des personnes naïves qui croient aux sortilèges !

Voilà ce que je me disais dans un passé récent. Une fois même pendant le service, le chauffeur mis à ma disposition, en tant qu'acheteur/ démarcheur, a fait un petit détour de l'itinéraire habituel et parla d'un médicament introuvable sur le marché pour un bonhomme de sa connaissance habitant dans les parages, me laissant dans le véhicule, il s'engouffra dans une espèce de hutte en bois pour un bon bout de temps. Et là qu'est-ce que mes petits yeux n'ont pas eu à examiner? Des femmes à bord de véhicules dernier cri venant--- ce que j'ai appris plus tard--- rendre visite à un exorciste ! Et je me suis dit que ce sont des gens qui refusent de regarder la vérité en face et ont recours à ce type de charlatans. Quelques années plus tard, je suis revenu sur les lieux solliciter les services de ce bonhomme, cet exorciste qui a quitté l'endroit de misère et a été relogé ailleurs.... Où, exactement ? Personne n'est au courant.

....

Je sais bien que je saute du coq à l'âne, toutefois, le mal est très grand pour pouvoir le cerner. Autre que tout être humain oublie de par sa nature-même, surtout le superflu, l'ennemi que j'ai affronté a comme atout majeur un côté obscur, celui d'effacer de ma mémoire tout souvenir se rapportant à ses agissements. Lui qui a pris connaissance de mes secrets les plus intimes et abusé de mon ignorance pour me combattre avec mes propres armes, avec le temps moi aussi j'ai réussi à lever le voile sur pas mal de la nature de ses armes, de ses tac tic de combat.

....

Chacun de nous, êtres humains, a un ennemi qui lui est affecté, dès avoir poussé ses vagissements. Tout son organisme de la tête jusqu'aux pieds est passé au peigne fin. Une conclusion est vite tirée comme pouvant être : ami à rallier ou ennemi à pervertir sinon à l'annihiler. Telle une bombe à retardement, bien tapis à l'ombre le mal fait des pieds et des mains pour faire convenablement de son boulot de fauteur de troubles avec consigne essentielle : la non existence de toute la dimension à laquelle il appartient. Se déplaçant à la vitesse de l'éclair et entretenant une relation à chaque fois renouvelée avec ses semblables implantés au sein des entités qui peuplent la surface de la terre, il fait le mort genre hibernation, allume dès fois un petit feu par-ci, un petit feu par-là, passe à la vitesse de croisière à de rares événements, des cas vraiment exceptionnels. Toutefois, son plat préféré qu'il mijote à merveille et que lui seul détient le secret de la recette est celui de se confondre avec un individu de l'entourage de sa victime, qui réunit en sa personne toutes les tares

Chapitre : 16

Mr. Hmida, l'écrivain public, qui s'assoit à proximité du bureau de poste du petit village... arrive à la fin de l'introduction du futur bouquin intitulé ; un combat singulier dont l'auteur est un certain Mr. Mamhoune ayant sollicité son assistance pour mener à bien cette noble mission celle de faire profiter les autres d'un riche savoir accumulé au fil des années. Une guerre sans merci, durant plus de 25 ans ; toutes les techniques du combat ont été utilisées, par une entité, soi-disant immatérielle, invisible. Difficile à gober de telle sornettes en tant qu'amateur de bouquins, averti et voulant se documenter sur un tel ou tel sujet relatif à un domaine scientifique précis. Néanmoins, lui en tant qu'écrivain public chargé de collaborer pour faire sortir à la lumière du jour une œuvre, il agit plutôt en qualité de chercheur de trésor dont il ignore sa nature. Ainsi, il continue à déchiffrer les notes prises par Mr. Mamhoune, les redresser pour former des phrases cohérentes et accessibles à tout un chacun ayant au moins un niveau moyen d'instruction. Mr. Mamhoune entame le premier chapitre comme suit :

.... Lorsque je me suis rendu compte dans quel merdier j'étais englouti, jusqu'aux oreilles, j'avais déjà fait un long chemin en mettant hors d'état de nuire un bon nombre de nervis de mon ennemi. Le premier accrochage remontait à une dizaine d''années, et mon rival a pris une fuite en douceur, presque sans faire du bruit. Néanmoins, moi, j'ai passé plus d'une semaine sans fermer l'œil. Les souvenirs me reviennent en fragments épars à chaque que je me concentre sur cet événement. Un élément négligé, par manque d'information, m'apprend que la situation à laquelle je suis confronté n'est pas de tout repos. J'allais, en effet, sombrer dans le sommeil lorsque j'étais en proie à un délire. A un moment donné j'ai cru entrevoir ma situation dans un proche avenir. Un court instant, j'étais aux anges, très heureux, puis la conscience a pris le dessus et je suis posée la question : qu'est-ce que c'est que ça ? J'ai perçu comme un craquement dans ma boite crânienne, et une voix intérieure me disant distinctement : je suis Satan ! La même scène allait se répéter sans cesse sans mon intervention rapide de me redresser sur mon séant et d'allumer une bougie jusqu'à ce que l'orage soit passé. A chaque vendredi, jour de prière collective, obligatoire, à la mosquée, je rebroussais chemin après quelques pas faits hors de la maison, les pieds gelés alors qu'il faisait beau temps. Mais j'ai vite fait de prendre mon courage à deux mains et je me suis rendu à la mosquée et resté en proie à des troubles divers tout le temps de la prière. C'était beaucoup plus un supplice à vivre en direct et sans interruption jusqu'à la de la prière. Le temps semblait avoir suspendu son vol et resté figé dans l'espace. La voix de l'orateur me parvenait de loin comme d'un autre monde. Dans la rue au milieu de la foule je fus à maintes reprises soulevé de quelques centimètres pour choir en un clin d'œil sur mes deux pieds ; c'était là un coup porté à mon âme. Heurtée de plein fouet, elle ressemble à un coussin d'air crevé et perdait avec le temps son énergie. Ma vue devenait trouble ; mes oreilles bourdonnaient et j'avais à la bouche un gout bizarre, de quelqu'un ayant été mordu par un serpent ou piqué par un essaim d'abeilles.

....

Dans ma tête aussi rein n'allait plus. Dès mon réveil après une nuit peuplée de cauchemars et entrecoupée de réveil brusque pour soulager vessie pleine à éclater ou carrément pour vivre une insomnie pendant deux ou trois heures puis reprendre le train de mon sommeil à une gare plus loin.

....

Des maux de tête revenaient fréquemment. J'avais l'impression d'avoir du mouvement dans ma boite crânienne ; une douleur qui faisait le tour de ma tête, s'immobilisait presque toujours quelques temps au niveau de ma tempe gauche puis repartait comme par enchantement. Une fois pourtant il s'est passé autre chose. En effet, depuis plus de six mois cette satanée douleur s'est installée comme pour toujours. Cela s'est produit au début du printemps, moi, qui d'habitude quittait mon rarement poste de travail, je ne sais pas ce qui m'a pris pour déambuler dans les ateliers de l'entreprise et puis même risquer quelques pas dehors et prendre un bain de soleil. Sans crier gare, je ne saurai le dire que c'est par un matin ou un soir que ma tête devint comme coiffée d'un chapeau invisible. Dire que je suis un individu patient serait trop abuser de qualificatif. Cependant, après six mois dans cette situation cela m'a poussé à aller consulter un médecin puis un autre. On dirait que les médicaments étaient de la simple flotte que je buvais à satiété sans résultat aucun. J'avais peur des contre -indications de certains produits pris d'une manière exagérée, moi qui ne consultais que lorsqu'il y avait nécessité absolue. ! Et j'ai arrêté tout traitement et je me suis mis à faire le tour de ma demeure tel un fou furieux. Et là qu'est- ce que je découvre !?

Chapitre : 17

Depuis belle lurette des objets divers ornent les alentours de ma demeure. Cependant lorsqu'on habite au milieu d'une grande famille qui aurait l'idée de se poser des questions au sujet d'un ustensile qui traine ; un objet suspendu à un arbrisseau ? Et pourtant la cause de mes maux de tête était là, incroyable, inconcevable, car obéissant à une logique autre que celle qui régit notre existence au quotidien. Mon ennemi pour me reconnaitre a besoin de quelque chose qui m'est propre ; qui singularise ma personne d'une autre entité. A cet effet, une touffe de ma chevelure ; quelques gouttes de ma salive ; un bout de

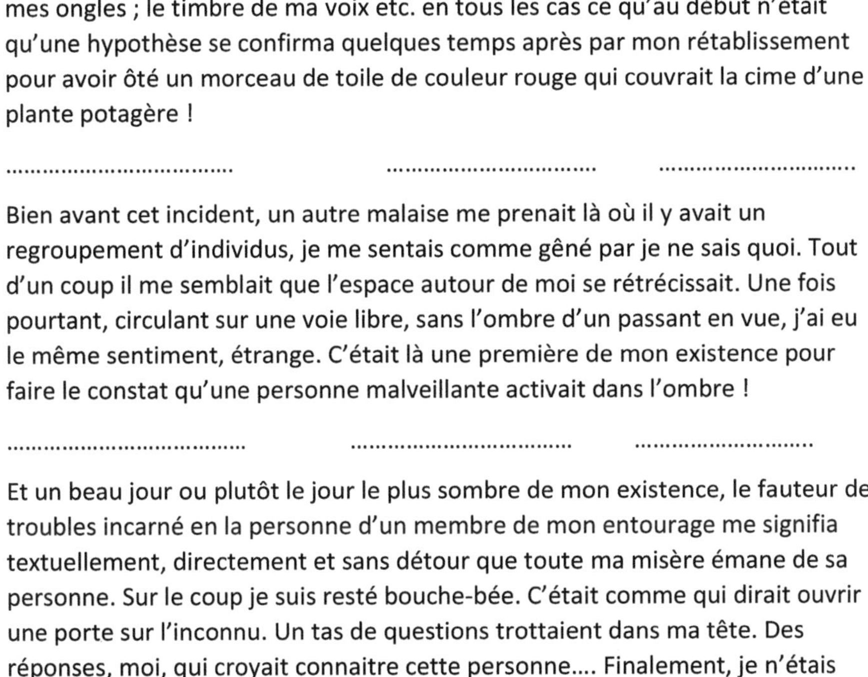

mes ongles ; le timbre de ma voix etc. en tous les cas ce qu'au début n'était qu'une hypothèse se confirma quelques temps après par mon rétablissement pour avoir ôté un morceau de toile de couleur rouge qui couvrait la cime d'une plante potagère !

....

Bien avant cet incident, un autre malaise me prenait là où il y avait un regroupement d'individus, je me sentais comme gêné par je ne sais quoi. Tout d'un coup il me semblait que l'espace autour de moi se rétrécissait. Une fois pourtant, circulant sur une voie libre, sans l'ombre d'un passant en vue, j'ai eu le même sentiment, étrange. C'était là une première de mon existence pour faire le constat qu'une personne malveillante activait dans l'ombre !

....

Et un beau jour ou plutôt le jour le plus sombre de mon existence, le fauteur de troubles incarné en la personne d'un membre de mon entourage me signifia textuellement, directement et sans détour que toute ma misère émane de sa personne. Sur le coup je suis resté bouche-bée. C'était comme qui dirait ouvrir une porte sur l'inconnu. Un tas de questions trottaient dans ma tête. Des réponses, moi, qui croyait connaitre cette personne…. Finalement, je n'étais qu'un idiot au milieu d'individus bizarre se réclamant être mes proches !?

....

Une série de misères s'enchainant les unes aux autres. À quarante ans d'âge, en revenant le soir après le boulot je restais des heures étendu sur un tapis dans ma petite cour alors que celui se réclamant être le responsable de ma situation un peu bizarre trottait comme une gazelle ; il dépassait à l'époque l'âge de 70 ans. Non, mais cela ne lui a pas suffi, il voulait plus. Sans pitié aucune, il opposait le mal sous toutes ses formes au bien que je lui refilais de temps à autres. Plus tard j'ai appris qu'il n'a jamais gouté à mon pain ni beau mon eau et qu'il jetait tout don fait de ma père. C'était là une règle fondamentale de cette satanée science pratiquée par cet être maudit.

Sans preuve aucune pour porter une quelconque accusation contre X, et si j'en avais une, que pourrais-je faire face à un être sans foi ni loi ? Au gré de ses humeurs, il me châtiait de temps à autre en m'ajoutant un trouble nouveau à d'autres auxquels je m'étais habitué avec le temps. L'idée d'aller végéter ailleurs ne se posa pas immédiatement ; j'avais une famille à charge et pour avoir un logement, ne serait-ce qu'un baraque en bois cela coutait les yeux de la tête.

....

La colère de mon tortionnaire atteignit le summum alors que j'entreprenais de faire des aménagements dans ma petite demeure. Las d'attendre, sans doute mon déclin d'un moment à l'autre, il jugea le moment opportun pour m'administrer le coup de grâce.

Chapitre : 18

Au troisième chapitre, Mr. Hmida, l'écrivain public, ne trouve pas mieux que d'inverser l'histoire racontée par Mr. Mamhoune au lieu de continuer à débiter comme d'un seul trait les faits. Il fouine dans les notes de ce dernier afin de donner un aperçu aussi fidèle que possible sur l'origine du mal et le but recherché par cette dimension laquelle sans son existence en tant que telle, il n' y aura pas un mouvement dans un sens comme dans un autre. Néanmoins, une limite s'impose, restrictive, laissant camper les éléments du bien dans une zone, observant le mouvement de leur ennemi qui multiplie ruses et use de stratégies afin de rallier le plus grand nombre de personne possible. Maintenu à un certain taux, il y a là une volonté Divine qui pousse les croyants à évoluer ici-bas et bénéficier de sa grâce et puis être agréé dans l'au-delà. Cependant, certains fidèles sont très clairvoyants et sont susceptibles d'aller loin, très loin-même. Ils seront traqués, toute une armée comptant des éléments des deux sexes, humains et autres entités du monde parallèle, feront l'impossible pour leur mener la vie dure sinon les détruire coute que coute. Toutefois, la volonté Divine s'accomplira et tout ce qu'un fidèle serviteur doit observer serait de la patience et rien d'autre.

....

Mr. Mamhoune après 25 ans de lutte en est arrivé à avoir comme idée, assez claire, sur notre existence ici-bas et notre bref passage sur terre. La difficulté, quelle qu'elle soit ne l'affecte plus. Dans son esprit, désormais, il n'attend plus que la grâce du seigneur et son agrément jusqu'à son dernier souffle. Et il est passé par différentes étapes, combattu sur plusieurs fronts. Hommes et femmes, certains étaient utilisés à leur insu, d'autres très conscients étaient attirés soit par : de le presser comme un citron et puis jeter le zeste, ou bien lui inoculer leur venin afin d'obéir à un ordre de destruction pur et simple. Face à ses ennemis acharnés, Mr. Mamhoune a une et unique arme : évoquer le bon Dieu…

Chapitre : 19

Je suis passé par plusieurs étapes, dira Mr. Mamhoune. De la première, je n'ai vu que du feu. Dans ma tête, s'alternaient deux idées fixes. Totalement contradictoire l'une de l'autres : une possibilité d'acquérir un grand savoir ou bien tout est fini ; ma fin est proche et pas moyen d'entreprendre quelque chose afin de procéder au redressement de la situation…

Mon ennemi, incarné en la personne d'un proche parent, ne m'a pas laissé le temps de reprendre mon souffle après chaque coup qu'il portait à ma frêle personne. J'ai voulu utiliser la logique, celle des humains, sans changer d'un pouce une misère sans nom. Il a profité de mon ignorance et usé de ma nature humaine emprunte d'un amour, parfois maladif à l'encontre de mon prochain. Et cette situation perdurait. Psychologiquement, j'ai été pneu à plat sur jante. La deuxième période c'est caractérisé par une sorte de doute venu semer la zizanie et ridiculiser tous mes actes, je me suis mis à faire le pitre là où je mettais les pieds. Des scènes burlesques ! Hors des planches d'un théâtre ; dans la rue ; à la maison ; sur les lieux du travail, cela m'a attiré bien des ennuis. Une fois -même, absent pour congé de maladie qui dura une semaine, à mon retour le chef de section m'a fait la remarque suivant : --- je sais bien très bien, Mr. Mamhoune, que vous plaisantez toujours pour détendre l'atmosphère, malheureusement, certains de vos collègues ne voient pas d'un bon œil vos réflexions, ils pensent sincèrement que vous êtes un peu zinzin !

Je n'ai pas tenu compte de la remarque faite par mon supérieur et j'ai continué mes divagations en poussant le bouchon encore plus loin en redoublant mes efforts de ridiculiser toute chose.---- c'est mon droit le plus absolu, que je me suis dit, de suivre ma nature d''être gai, souriant etc.

Et je suis parti suivre une formation après avoir demandé la main de ma future épouse….

…………………………………………… …………………………………………… …………………

Mon ennemi, incarné en la personne de…., qui attendait avec impatience ma chute dans un gouffre sans fond, est passé du jour au lendemain à la vitesse supérieur. Déjà durant les six mois de stage de formation tout allait mal dès le commencement. Une peur bleue me saisissait par moment de ne pas pouvoir suivre jusqu'au bout cette opportunité. Des maux d'estomac qui m'obligeaient de ne prendre que peu de nourriture ; mes yeux étaient asséchés et parois ma vue devenait trouble. Et moi, poursuivant ma logique d'ignorant, je pensais qu'après le mariage tout rentrerait dans l'ordre ; que j'étais arrivé au bout du rouleau et que tout bêtement, mon horloge biologique réclamait son dû.

....

Le jour des noces le pot aux roses fut découvert, néanmoins, je refusais de croire à l'existence de telles diableries visant à détruire un foyer à peine qu'il commençait à s'édifier. Tout sembla en un clin d'œil sens dessus- dessous, et sans une grande patience de ma femme, une grâce divine j'aurais dit à Dieu à ma vie conjugale sans l'avoir consommée.

Chapitre : 20

Au quatrième chapitre rédigé à la-va-vite par Mr. Mamhoune et que Mr. Hmida essaye de lui donner vie, le lecteur qui l'aura à consulter verra un individu désemparé, ne sachant plus où donner de la tête. Mr. Mamhoune doutait de tout et accusait presque tout le monde d'un mal étrange qui le saisissait dès qu'il mettait un pied dehors. La marmite qui bouillait sur un feu débordait de temps à autre pour laisser échapper un trop plein : Mr. Mamhoune parlait à lui-même à haute voix. --- est-ce cela possible ? Et pourquoi ce jeu macabre ? Et pour qu'elle fin utile ?

....

Coupé entre deux scènes qui se renouvelaient sans cesse sur les lieux du travail et continuaient leur prolongement dans la tête de Mr. Mamhoune, à la maison rien n'allait plus.

.... en matière de logement, en effet, je vivais dans une surface rétrécie, une pièce –cuisine située d'un bout à l'autre d'une petite cour collective, on m'épiait du matin au soir ; des toilettes collectives, n'arrangeaient pas les choses. Ainsi, puisqu'il restait un petit lot de terrain, j'ai jugé nécessaire de construire un petit nid, une sorte de chez-soi en retrait par rapport aux autres. J'ai allumé un brasier de haine en formulant la demande de m'approprier ce lot de terrain. Ainsi, se disent-ils tous : --- vous voulez nous quitter ; sorte de pêché capital que je m'apprêtais à commettre. Mon frère cadet de 05 ans a vu en la circonstance une opportunité de me loger au rez de chaussée de sa villa pour une somme qui coutait les yeux de la tête. Un éternel marchandage suivit cette quête d'un espace plus grand qui a donné lieu à un accord de vente aujourd'hui, pour être annulé demain. Comme on n'arrivait pas à s'entendre mon frère cadet et moi, la seule issue demeurait de me céder le lot de terrain. On est arrivé finalement à un compromis et j'ai acheté les matériaux de construction et le maçon allait entamer la construction dans un proche avenir lorsqu'on revint sur cette décision prise, dit-on, à la –va-vite. Durant toute une journée j'ai erré dans les rues de la ville en proie à mille et une interrogations. J'ai voulu revendre les matériaux de construction et appeler le maçon pour annuler toute opération. Je revins donc le soir à la maison avec la ferme décision d'aller végéter ailleurs lorsqu'on ma femme m'apprend que tout a été arrangé !

....

Après quelques mois de dur labeur, en ma qualité d'ouvrier avec le maçon, j'ai pris possession d'une baraque de deux pièces-cuisine ; une courette et des toilettes individuelles. Et il s'est écoulé un temps de ni guerre ni paix jusqu'au jour où j'ai entrepris des travaux afin de rendre plus commode mon espace de vie. J'étais en plein travail lorsque me parvenaient du dehors des cris ; une querelle au sein de la famille. J'ai voulu séparé les deux partie en conflit, et je me suis enfoncé des pieds jusqu'aux oreilles dans une espèce de fange! Une guerre m'a été déclarée par deux membres de la famille qui ont usé de toutes les formes d'armes pour parvenir au bout de leur peine. Des entités du monde parallèle ont été appelées à la rescousse ; à plate couture j'ai été battu à plusieurs reprises. De ces batailles que l'histoire retiendra, et que je tiens à consigner noir sur blanc, j'en suis sorti tel un mort vivant que seule la respiration témoigne de mon errance sur terre.

Chapitre : 21

Après mûres réflexions, une seule issue de sortie s'étala en long et en large devant moi. Fuir les lieux coute que coute ! Célibataire, j'aurai pu changer de région, de pays. Avec une famille à charge, je n'avais que mes yeux pour pleurer mon triste sort. Les quelques économies soustraites de notre ration alimentaire au quotidien : plat sans viande tout le temps ; des vêtements portés jusqu'à ce qu'ils tombaient en pièces etc. ne me suffisaient pas à me payer une baraque en bois dans une zone citadine en retrait de la civilisation. Néanmoins, j'ai mis du cœur à l'ouvrage et j'ai entamé des recherches. Presque dix années plus tard, j'étais toujours à mon point de départ. Au travail aussi ce n'était pas le beau fixe, la situation avait tendance à s'empirer et ma hiérarchie a pris la décision de me mettre en quarantaine. Un jour pourtant la bête humaine montra le bout de son nez ; bien plus sa silhouette se dessina devant moi en chair et en os.

………………………………… ……………………….. …………………..

Le défaut de tout un chacun se trouvant confronté à un sérieux problème c'est le fait de chercher son origine ailleurs, le plus loin possible, alors que, dès fois, la source est à la portée de la main et chevauche en parallèle avec lui. Un collègue de travail… qui aurait pensé qu'il faisait partie de la troupe de mon ennemi juré ? Mr. ramdan, qui soupçonnerait d'être autre qu'un simple travailleur de son état ? Venu des hauteurs lointaines de la… passait pour un ouvrier qui a fait le tour des ateliers de l'entreprise qui nous employait. Sujet à troubles de toute nature, les racontars à son sujet allait bon train mais rien d'officiel du moment qu'il avait bon pied bon œil et ne refusait aucune tache proposée. On lui accordait ses demandes de mutations à d'autres postes, lui était presque un touche à tout. Bien au début, j'ai pensé que notre réunion au sein d'un même bâtiment était fortuite. Par la suite j'ai eu la certitude qu'il est venu spécialement pour participer à l'écroulement de mon édifice. Un peu zinzin ? Pas du tout, mais des relations très étroites avec le territoire des ombres. Et j'ai eu un mal fou pour avoir une idée sur ses pratiques démoniaques. Qui est Mr. Ramdan ? Un ivrogne, vieux célibataire endurci qui mange à toutes les sauces, sans foi ni loi, il ne veut rien savoir du jour du jugement dernier et s'en moque éperdument. Avec toutes ces tares à son compte, quoi de plus naturel que d'être envoyé pour me détruire ? Sans l'ombre d'un doute, Mr. Ramdan était un possédé, porteur d'un virus virulent…. Il m'inoculait son poison avec le sourire aux lèvres. Déjà rien qu'être à proximité de sa personne je me sentais malade, ma vision devenait trouble. Alors, que dire lorsqu'il m'emboitait le pas ? Comment j'ai su la vérité sur son compte ? Tout simplement en refusant d'être muté à un poste plus avantageux et préférant patauger avec moi dans une misère ! Pour contrer ses machinations diaboliques je me suis isolé dans un coin sans lui adresser la parole. Tout un arsenal de ruses a été déployé pour me faire revenir à de meilleurs sentiments à son égard. Hélas, peine perdue, il regagna son bled pour une retraite anticipée. De sa bataille perdue il gardera un arrière- gout jusqu'à la tombe ; du mal qui circule dans son sang, utilisé pour châtier les honnêtes gens, il n'a jamais eu un adversaire de taille à lui tenir tête.

Mr. Mamhoune est passé du stade d'inoffensif à celui d'opposer le bien au mal.

Chapitre : 22

Mr. Mamhoune au cinquième chapitre d'un livre à paraitre dans un proche avenir, on le retrouve armé d'un chapelet et récitant une panoplie de formules et veux puisés dans le livre saint. Il était beaucoup plus question de noms de Dieu, ses qualités, sa force et sa miséricorde. Quatre- vingt dix- neuf balles que compose un chapelet toutes accompagnent un nom de Dieu ou ses qualités qui vont droit au cœur des mécréants, ennemis de Dieu et ses humbles serviteurs.

....

Mr. Mamhoune a fait un rêve qui allait se réaliser. La qualité d'une vision est qu'elle est souvent annonciatrice d'un événement bon ou mauvais qui aura lieu dans un avenir. Lui, s'est vu circulant dans le rêve du côté de...., les rues étaient inondées puis tout d'un coup le paysages changea. Il était au milieu d'une allée bordée de caroubiers et il y a eu une sorte de chahut, des gens qui criaient : les voilà ! les voilà ! les voilà ! une bande de créatures qui ressemblent à des animaux sur deux pattes avec une rayure de la tête jusqu'aux pieds.

Moi, Mr. Mamhoune, dit-il, j'ai couru de toutes mes forces mais je fus rattrapé par une espèce de colosse, le chef de bande de ces créatures. Dans ma bouche je n'ai trouvé mieux que de dire : Dieu est le plus grand ! un instant et puis la scène tourna à mon avantage et ce fut moi qui courais derrière elles en récitant : Dieu est le plus grand !

....

... un autre rêve revenait souvent hanter mes nuits à des intervalles réguliers : deux à trois jours. Je me voyais partir suivre une formation, moi qui venais de terminer une il y avait quelques mois seulement. Tout bêtement, comme une rumeur qui circulait que prochainement une formation de cadre allait âtre lancée, je me suis attelé à l'œuvre celle de reconsulter mes bouquins et surtout les mathématiques. Peine perdue puisque ce projet met du temps à voir le jour sans faire appel à mon auguste personne. Toutefois, après mûres réflexions, j'ai fait comme une auto formation, sur le tas, j'ai acquis une vieille science que l'être humain a découverte depuis la nuit des temps. Faudrait-il préciser que ce rêve, un rêve très vieux, qui a plus d'une vingtaine d'années d'âge et que je me suis rappelé après le fait accompli s'est réalisé ? à cette époque bien précise je n'avais aucun élément pour le décoder, je l'avais presque oublié sans cette série d'événements venus jeter du trouble dans le cours de ma triste existence au quotidien.

Chapitre : 23

Le bon Dieu aurait pu créé des êtres humains parfaits. Le contraire aussi, tel que les animaux qui mangent, se reproduisent et puis disparaissent un jour comme ils sont venus. Un être humain, lui, obéit à d'autres lois. Certains d'entre nous sont qualifiés d'imbéciles. Des génies ? Une minorité de gens très éveillés, peut-être même en avance par rapport à leur époque. Une possibilité est accordée à ceux qui multiplient recherches et observations de la nature qui nous entoure. Ils prêtent une oreille attentive aux propos les plus extravagants en essayant de comprendre les agissements les plus barbares des individus avec qui ils partagent l'espace de vie. On évolue à pas d'escargot, doucement certes, mais surement. Très complexes sont les lois qui caractérisent les différents éléments que compte la nature qui nous entoure. Elles sont accessibles, entre autres, à des individus qui prennent le temps et le loisir de pousser très loin leurs études ; une bonne santé et surtout ayant des moyens financiers afin de parvenir à leur fin. Cependant, la réalité, qui régit tout ce qui bouge sur terre et dans les cieux du vaste univers, a-t-elle besoin d'un grand cerveau ? Du moment que tout a été créé, et rien ne se crée plus ; tout ce qu'a entrepris cette créature appelée être humain a été copié sur la nature, une chance, rien qu'une seule toute petite, si elle pourrait être accordée à notre race d'hommes, lequel de nous bénéficiera de ce privilège ? Celui qui bouche yeux et oreilles pour ne suivre que ses fantasmes ou bien celui qui obéit à son créateur ?

On comprend trop tard l'objectif de notre mission ou simple rôle de notre bref passage sur terre. Ma chance à moi, Mr. Mamhoune, je l'ai saisie pour ne plus la lâcher, et advienne que pourra. Le mal sous toutes ses formes, j'ai appris à le connaitre et je le connais trop bien pour m'être opposé à son plan machiavélique. J'ai dressé toute une liste en termes de conduite à observer à la lettre. Très fort, mon ennemi ; là il n y a aucun doute. Cependant, lui aussi n'échappe pas â sa condition de créature, damnée. Ci- après, je reproduis sa force et ses faiblesses. Ceux qui empruntent l'itinéraire que j'ai suivi ne seront que plus éclairés, et un homme averti en vaut deux.

Il faut avoir à l'esprit que le mal est toute une dimension. Satan chapeaute cette organisation qui a retourné la veste en n'acceptant pas la volonté divine. Peut-être, qu'il a jugé avoir assez d'informations pour oser affronter le bien. Certes, il a acquis une science relative à la destruction, mais sans pouvoir créer un moucheron, ne reconstruit ni reproduit quelque chose. Pour pallier à ce manque flagrant, de puissance et de savoir, voire un handicap, il use de mensonge, de tromperie ; il se fait passer pour quelqu'un qui prédit l'avenir. Il n'en est rien de tout cela mais il anticipe sur le cours des événements en utilisant une logique semblable à celle usitée par les êtres humains. Et il se trompe neuf fois sur dix. Par l'intermédiaire d'un démon qui est affecté à toute personne lors de sa naissance, il est en mesure de savoir un tas de chose sur notre compte. De ce fait, il exploite nos défauts et nos faiblesses et essaye de rendre ridicule nos qualités, les meilleurs.

Notre ennemi juré a pour principale arme la possibilité de nous faire peur ; il noircit notre horizon et nous peint un avenir incertain. Tout un cheminement qui débute par le fait de douter de tout et de rien pour aboutir à une perte fort prononcée de la confiance en soi.

Chapitre : 24

Le travail d'écrivain public, en l'occurrence, à proximité d'un bureau de poste, n'est pas un travail de tout repos. Il y a des jours, comme le jour de paye des retraités ou bien ceux bénéficiant d'une pension allouée par la caisse d'assurance, le temps passe à la vitesse d'un bus long trajet. En fin de journée on se sent las et en regagnant son domicile on s'étend au moins durant une petite heure. Des passages à vide, du 05 au 15 de chaque mois, on fait des mots croisés, on bouquine et on écrit ses mémoires, pour tuer le temps. Les clients, eux aussi, ne facilitent pas la tâche ; ignorant tout de ce qui a trait aux taxes à prélever par les agents de paiement de la poste, ils se plaignent d'être volés par l'agence. Après plusieurs mois, Mr. Hmida se renseigne sur ces taxes et autres informations relatives au paiement des chèques etc. Ayant une mémoire hors du commun, Mr. Hmida accepte sans complexe d'être corrigé par les employés de l'A.P.C et autres, en ce qui concerne les demandes manuscrites, les déclarations etc. Absorbé par son boulot au quotidien, il oublie un tant soit peu le manuscrit de Mr. Mamhoune. Ainsi, le chapitre : 06 tarde à être pondu et puis ce dernier a comme quelque chose de particulier par rapport aux précédents. Mr. Mamhoune est allé un peu loin. Dur à avaler, ses déclarations qui prêtent à équivoque ; mais on dirait avoir affaire à un aliéné qui vient d'être renvoyé d'un asile psychiatrique. Il faudrait, peut-être, mieux connaitre Mr. Mamhoune pour lui accorder une crédibilité quelconque. En attendant, Mr. Hmida poursuit un arrangement des idées confuses à consigner noir sur blanc.

…. Il faisait nuit et j'étais avec un membre de ma famille chez moi. Ma femme étant absente, elle était chez ses parents, je préparais mon dinez tout en tout en causant avec mon hôte. J'ai fini ma préparation et je m'apprêtais à prendre une douche lorsque ce dernier est sorti regagner sa piaule ; j'ai pensé que mon hôte est revenu, pour avoir entendu quelqu'un cogné à ma porte, pour avoir oublié quelque chose chez moi. J'ai ouvert la porte pour me retrouver dans un noir total, mon corps frissonna et je sentis quelque chose me pousser à l'intérieur de ma petite cour, c'est ce que je fis. Par la suite j'ai passé une nuit épouvantable, sans fermer l'œil jusqu'au matin. Cette situation dura une semaine sans interruption. A chaque fois que mes yeux se referment je sentais une légère secousse qui chassait mon sommeil. Cela m'a rendu excessivement tendu, et assis dans le noir, j'ai évoqué la personne que je soupçonnais comme étant la source de mes troubles. Le jour se leva, j'ai regardé mon visage dans un miroir, mes yeux étaient cernés de traits noirs de fatigue. Et puis tout à coup je me suis senti soulevé de quelques centimètres du sol ; il y a eu comme une aiguille enfoncée dans mon cerveau et le plafond tourna au-dessus de ma tête. Trois jours après cette terrible entrée en contact avec une entité étrangère, à laquelle à ce moment précis je n'ai su la définir, j'ai pris le livre saint et j'ai entamé une lecture appliquée. Ce que j'ai senti et surtout entendu de mes propres oreilles ne peut être décrit par de simples paroles. A la fin, après un effort colossal, un souffle qui équivaut à dix fois sinon plus la circulation d'un courant d'air intense a libéré ma crâne et il est sorti pat la fenêtre de ma chambre. Pris d'une panique je n'ai pu suivre de mes yeux sa fuite. C'était là une énième attaque et contre- attaque de mon ennemi ; un être en chair et en os qui a eu recours aux forces des ténèbres.

……………………………… ……………………………………… ………………

… Il m'arrive souvent de penser que tout ce qui s'est passé avant mon intervention pour jouer au réconciliateur entre membres de la famille n'était qu'un simple scénario devant aboutir à une déclaration de guerre. Le mal est trop profond, et la fin justifie les moyens pour y parvenir. Et pour une fois je suis tombé dans le panneau. Toutefois, ma misère aurait pu être pire si je n'avais pas cloué mon bec pour toujours. Découvert et désigné comme fauteur de troubles à dessein, l'adorateur de Satan ne pouvant faire marche arrière ; ça passe ou ça casse devenait son crédo et plus : sa raison de vivre. Et moi, Mamhoune, j'ai eu à admirer de sombres tableaux. Vu le mal sous sa vraie nature ? De toutes les couleurs, je l'ai vu de mes propres yeux et entendu de mes oreilles. Son tintement particulier en se déplaçant d'un point à un autre.

N'importe où, même dans la maison du bon Dieu, j'ai surpris une brève excursion du mal en prise avec un fidèle serviteur venant accomplir sa prière. Et j'ai entrepris de le combattre. Pour cela il n y a ni arc ni épée ; pas de fusil ou de canon ni de bombe. Notre arme est logée dans notre tête, des ondes qui émanent de notre cerveau, rien qu'à évoquer le tout puissant !

Chapitre : 25

Combien de démons, Mr. Mamhoune a mis en fuite ? Il n'a jamais eu l'idée de quantifier. A un moment, le nom du bon Dieu prononcé une seule fois suffisait à entendre un bruit qu'il connait trop bien et il arrive à le distinguer entre mille, comme un sautillement d'une âme qui détale à toute vitesse. Deux démons sont sortis de leur plein gré, ne pouvant écouter Mr. Mamhoune faire des louanges à son seigneur et maître. L'un, presque en douceur, peut-être, qu'il a voulu jouer au malin et attendre durant une semaine à s y réintroduire. Le deuxième était à deux doigts de griller et fait un retour à l'envoyeur.

L'ennemi de Dieu, un être humain, en chair et en os, ne pouvant abandonner un projet qu'il a caressé très longtemps, sans doute joua sa dernière carte : avoir tout ou rien. Il ne pouvait en être autrement. Destiné à griller en enfer, avec ses semblables munis de deux cornes sur leur tête, il s'agrippait de toutes ses forces à un espoir, tel un bout de bois qui flotte sur une mer houleuse, le temps qui use tout. Mr. Mamhoune, une fois ayant eu la certitude que ce qui se passait avait un caractère surnaturel, se résigna à accepter son sort. Il disait toujours : c'est une question d'être ou ne pas être ; mon ennemi ou moi ; l'enfer ou le paradis.

Chapitre : 26

Mr. Mamhoune après une éclipse de quelques semaines refait surface. En l'apercevant de loin Mr. Hmida se dresse sur deux pieds pour l'inviter à venir causer avec lui, il a besoin d'éclairer certaines expressions presque ambiguës ; des verbes mal conjugués ; des mots hors contexte. Mr. Hmida est fort étonné par son interlocuteur qui lui remet d'autres pages semblables aux précédentes déjà en sa possession.

--- voyez-vous, lorsqu'on on mène une guerre comme la mienne, certains événements, tellement pas beaux à voir, prennent le dessus sur d'autres pas très importants ou jugés comme tels. Après mûres réflexions l'échelle de valeur se renverse et j'ai comme envie de réécrire toute cette satanée histoire.

Mr. Hmida jette un bref coup d'œil sur le contenu des nouvelles pages et hoche la tête en disant : --- il n y a pas à ma connaissance un prototype d'écriture, surtout en ce qui concerne des histoires, vraies, et qui ont un caractère hors du commun. Votre bouquin s'il lui arrive de voir la lumière du jour intéressera en premier lieu des gens qui sont versés dans les sciences occultes. Il sera d'un grand apport à des individus sujets à de troubles divers que les médecins essayent de calmer à coup de drogues diverses. Quelques-uns auront au moins une idée sur le mal qui les ronge, d'autres plus instruits et plus intelligents dépasseraient, peut-être, leur maitre. Je suis arrivé au sixième chapitre que je vais vous lire afin d'avoir votre avis là-dessus.

……………………… ……………………… ………………………

…. Tout d'un coup il y a eu une brève éclaircie, après avoir coupé les ponts avec un membre de ma famille qui venait se plaindre tout le temps de sa situation de travail ; de sa santé etc. il s'est avéré par la suite qu'il été utilisé pour semer la mauvaise graine dans ma demeure, inconsciemment. L'utilisateur pas au courant de cette rupture de contact, continuait à tirer avec des balles à blanc sans s'en rendre compte. Moi, par contre, profitant de cette courte éclaircie j'ai sauté sur la première occasion qui m'a été offerte et j'ai déménagé pour habiter ailleurs, tranquille. Plus encore, afin d'avoir un petit pécule pour agrandir mon petit chez moi j'ai pris la décision de partir en retraite anticipée. Tout allait pour le mieux si je n'avais pas commis de grosses erreurs, des erreurs monumentales.

Chapitre : 27

Notre passage sur terre obéit à des lois, immuables qui régissent notre évolution et notre déclin ; une de ces lois, la dualité de toute chose. Les ténèbres s'opposent à la lumière et le mal au bien.

Mr. Hmida, l'écrivain public, assis en face de la poste, prête une oreille attentive à un certain Mr. Mamhoune qui se met à philosopher, qui sans l'ombre d'un doute ne voit pas les choses en rose. Ce dernier pour mieux illustrer la dimension du mal, à suivre son raisonnement, on a l'impression de vivre un cauchemar. Mr. Hmida quitte, pour un instant, son petit banc sous un arbre pour assister à une pièce de théâtre. La scène commence par un être bizarre qui utilise une sorte d'appareil qui ressemble à un téléphone, il dit en substance : --- allo… le grand chef !

---- oui…

---- un ennemi vient de voir le jour…

---- tu sais ce que tu as à faire… non!?

Le nouveau-né s'appelle Mr. Mamhoune. Sa triste existence débute avec des parents qui le traitent comme quelqu'un venu au mauvais moment. Tous ses faits et gestes sont mal vus ; ses frères et sœurs déforment ses propos lesquels pourtant sont bien articulés. Tout au long de son enfance le mauvais sort s'abat sur sa famille. Mr. Mamhoune tombe malade. On change de domicile, et les problèmes vont devenir plus intenses. L'adolescence, elle aussi, est venue comme un drame. A peine entamée et il commence à ressentir des troubles de nature diverses. Lui qui n'était pas pratiquant, et à un moment à tâté la bouteille de vin, s'est tapé quelques joints, trouve en la religion une issue de sortie ou du moins espère s'en sortir d'une misère sans nom. Il découvre pour la première fois le livre saint et entreprend de déchiffrer ce livre de Dieu. N'importe qui rejoint le sentier du seigneur passera par des crises et Mr. Mamhoune ne connaitra pas la paix durant longtemps. Le mal ennemi du bon Dieu usera de toutes les ruses pour dissuader ceux qui veulent donner un sens à leur existence. Mr. Mamhoune sera persécuté par ses semblables évoluant dans son environnement immédiat. Le comble de la bêtise humaine est le fait qu'il découvre, après 40 ans, ne pas connaitre les membres de sa famille et plus particulièrement ceux les plus proches !

……………………………… ……………………………… ………………………………

Chaque famille a un passé, une histoire, qui commence après l'union des deux époux. Elle peut être comme la création d'un état, fondé sur des considérations d'ordre divers : la beauté ; la richesse ; la piété ou l'irréligion. La dimension du bien joue un très grand rôle pour sceller cette alliance. Le mal, dans la quasi-totalité des unions, met les pieds dans le plat. Contrairement aux lois naturelles, celles au sein de la famille se veulent que ceux qui s'assemblent se ressemblent ; l'âne frotte l'âne. Mr. Mamhoune en connait un bout sur cette réalité qui saute aux yeux ; que dire lorsqu'on a une éducation à plusieurs vitesses, plusieurs poids et plusieurs mesures ? Néanmoins, une fois devenu adulte on a tendance à oublier ces différences en prenant son destin en main.

……………………………… ……………………………… ………………………………

Les actes de la pièce du théâtre continuent à défiler devant les yeux de Mr. Hmida, l'écrivain public, mus par le récit de Mr. Mamhoune qu'il tient entre ses mains.

Chapitre : 28

On ne peut pas satisfaire tout le monde ; être du côté du bon Dieu sans que le diable reste passif. Du matin au soir on lui rappelle sa damnation ; alors quoi de plus naturelle qu'il réagisse avec force. Généralement, à quelques exceptions près, il a la capacité de se déplacer de jour comme de nuit sans difficulté aucune ; à la lumière du jour il saute d'un individu à un autre jusqu'à l'être qu'il veut tourmenter. Toute une armée qu'il possède, le un tiers des anges qui a suivi cette entité appelée Satan, qui a cru, peut-être, pouvoir s'opposer à son créateur. Il a surtout cru pouvoir pervertir et les anges et les humains par le plus grand nombre qui épouseront sa cause. Au jour du jugement dernier la réalité éclatera.

Mr. Mamhoune, lui, a cru au bon côté des choses, et c'est alors qu'il vivra des scènes d'un monde à l'envers, jusqu'à une date récente.

....

Bien sûr que Mr. Hmida, l'écrivain public, a vu et revu le film tant vanté par Mr. Mamhoune : Témoin du mal ? Oui c'est bien çà et un autre dont titre est squelette clé. Mr. Mamhoune affirme dur comme fer avoir vécu la même scène en live. Témoin d'un mal qui se dissimule sous une extrême bonté affichée seulement ; qui parle de sa personne comme éternelle victime pour avoir servi les autres sans avoir rien reçu en contre- partie ; qui exhorte les autres à faire ceci et cela pour mieux vivre alors que lui ne tente rien ; lui se rattache à d'autres considérations, malchanceux, qui lui bouchent son horizon. Changeant de nature d'un moment à l'autre ; il est savant et prétend prédire l'avenir, puis une autre fois il simule la surdité et vous somme de répéter vos propos qu'il ne comprend pas ! à l'entendre louer les vertus de son auguste personne, il incarne la bonté même, et les autres sont tous des méchants etc.

....

Jamais, au grand jamais, affirme Mr. Mamhoune, je n'ai eu, ne serait-ce qu'une simple idée, un soupçon quelconque sur la véracité de ses allégations même après avoir eu la certitude de son implication dans la situation que je vivais, un véritable calvaire, une question est demeurée longtemps dans mon esprit : pourquoi m'avoir fait cela ?

Beaucoup de gens ont sans nul doute vu ces deux films, cela ressemble beaucoup plus à de la fiction, moi j'ai vu une réalité qui saute aux yeux pour avoir ressenti dans ma chair les scènes des deux films dont les auteurs ont été très pointilleux. Dire qu'une personne peut usurper l'âme d'une autre et vivre un plus destiné à cette dernière relève d'une aberration ; et pourtant c'est une évidence ; que connaissons-nous de cette âme laquelle dite qu'elle est immortelle ?

Mon ennemi qui incarne le mal est mort il y a très longtemps, de lui il ne reste qu'une enveloppe charnelle dans laquelle un démon a élu domicile. Ce Zambie, qui a vendu son âme, ne reconnait plus ni frères ni sœurs ; ses propres enfants lui sont inconnus. Il lui faut maintenir en vie un corps dont seule une respiration témoigne encore sa présence sur terre. Afin de parvenir à ce but cette personne crée des querelles, se chamaille pour un oui, pour un non. Et quiconque ose s'oppose à ses divagations, le contrarie, l'âme qui l'habite s'acharnera sur lui, pompe son énergie et puis regagnera sa base saine et sauve.

A un moment donné ; moi, Mr. Mamhoune, cette personne et ce qui l'anime m'a presque vidé pour demeurer cloîtré chez moi sans force. Et plus encore, d'après ce que j'ai compris des deux films précités, on visait ma destruction pure et simple pour s'approprier le restant de mes jours octroyés par le seigneur des cieux et de la terre.

Chapitre : 29

Mr. Hmida, l'écrivain public, éprouve de grandes peines à suivre le raisonnement de Mr. Mamhoune. Il demande des explications afin de continuer la rédaction d'un soit - disant bouquin lequel aucun éditeur n'on voudra.

--- il s'inscrit dans quelle collection votre roman à la noix, questionna –t-il ?

--- vous pouvez toujours ajouter juste sous son titre la mention: (réservé aux initiés).

Et Mr. Hmida après cela a la conviction qu'il a affaire soit à un fou ou un véritable illuminé. Il poursuit donc son écriture pour laquelle il compte d'ailleurs en demander aucun gain ; juste un passe-temps durant des heures creuses où les clients se font rares.

.... Cela s'est passé, pour moi, comme quelqu'un ayant reçu une gifle claquante sur les deux joues. Cela sert à quoi de tourmenter une personne et la voir souffrir au quotidien, pour le simple plaisir ? Il faudrait, peut-être, avoir juste un petit bout de ma souffrance pour pouvoir se prononcer sur cet état de fait.

Et je me suis attelé au travail, celui d'expliquer le comportement d'une personne pour qui je faisais du bien et recevoir en contre- partie le mal. J'ai revisité un passé récent, décortiqué de bout en bout toutes les paroles et les gestes accomplis par cette personne et la vérité sauta à mes yeux. Clamant haut et fort à qui voudrait l'entendre, ne croire ni en Dieu ni à Satan, que pourrait faire un individu chez des sorcières qui habitent parfois des contrées lointaines ? Et de fil en aiguille il y a eu une brève éclaircie dans une sombre vie d'une personne nourrie de mensonge. Ne pas croire ? Mon œil... j'ai bien eu affaire à un adorateur de Satan qui comptait prolonger son errance ici-bas en s'accaparant le restant de mes jours, moi qui avait la quarantaine et lui qui frôlait les soixante- dix années !

.... ce que j'ai vu n'est vraiment pas beau à voir, continue Mr. Mamhoune, moi l'innocent, qui partait le matin travailler et revenir le soir retrouver ma petite famille... ; des étoiles en plein jour.

....

.... Vous voudrez, peut-être, connaitre la nature de mon mal, demande Mr. Mamhoune ? Et sans attendre une réponse de la part de l'écrivain public, il entame une description de ce qu'il a ressenti durant des décennies, de la tête jusqu'aux pieds. Par moment, dira-t-il : --- ma tête était comme prise dans un étau dans le sens de la circonférence du cerveau ; s'intensifiait au niveau de la tempe gauche, descendait vers l'oreille pour y pénétrer profondément. Cette sensation durait des heures voire des journées pour disparaitre comme par enchantement, puis revenait lorsque je ne m'y attendais plus ; un éternel aller - retour !

---- un bruit d'un instrument de percussion s'installa au niveau de mon oreille avec perte de sensibilité presque de tout l'hémisphère gauche de ma tête.

---- le même bruit se réinstalla, après avoir disparu très longtemps, cette fois pour de bon jusqu'à lui avoir administré une thérapie de chaque que je citerai plus loin.

---- tout d'un coup ma vue devenait trouble ; un va et vient de vision qui me donnait l'impression de vivre comme dans un rêve ; j'avais la myopie et la presbytie en même temps !

--- j'ai perdu la moitié de ma dentition ; les unes après les autres mes dents commençaient à bouger puis tombaient sans Carrie dentaire ni autres maux.

---- mon cœur marquait des arrêts brusques, peut-être, pour un dixième de seconde, puis reprenait son battement régulier.

---- mes nuits étaient peuplaient de cauchemars, je voyais le responsable de mes tourments ; toutes les deux heures je me réveillais pour aller soulager ma vessie

D'autres troubles, je les cirerai plus loin, et plus grave encore j'ai vécu des tentations, jeunes filles et femmes entre deux âges, de veuves ont hanté mon esprit ; moi, qui parfois oublie à quel sexe j'appartiens.

Chapitre : 30

La sorcellerie, une science certes, mais quelle science ? Elle sème le mal et nuit même à celui qui la pratique. Les lois de la nature sont faillibles ? Si oui, le seigneur en a voulu ainsi afin de mettre à l'épreuve ses sujets. Les mécréants usent et abusent, exploitent cette déficience à des fins strictement d'ordre terrestre ; un certain privilège à avoir sur les autres, leurs semblables. Le bon dieu nous met à l'épreuve en nous octroyant des richesses ou bien nous plaçant dans l'extrême pauvreté. Les fidèles serviteurs acceptent leur sort. Certains d'entre nous contestent cet état de fait et choisissent d'autres voies, pactisent avec le diable pour avoir un plus de richesses. En ce qui concerne l'au-delà, ils disent : personne n'en est revenu pour confirmer les prophéties. Dès qu'on renie Dieu, on se rallie à Satan.

--- ce soit disant membre de ma famille, assure Mr. Mamhoune est allé loin, très loin, très loin même. Je me souviens l'avoir entendu dire à plusieurs reprises : si Dieu existe, il fera ceci ou cela... ! À mon humble avis, passé les quarante ans un individu aurait tranché sur cette question et ne pas attendre les soixante -dix ans pour le faire, et puis ce dernier changeait d'humeur à chaque instant. On dirait un chien enragé qui lâchait untel pour s'accrocher à un autre. Avec le temps, j'ai su que son but était bien précis, ma personne et rien d'autre ; qu'il utilisait au hasard des lièvres pour me faire réagir en m'opposant à lui ; une porte que j'ouvrais pour faire entrer le mal qui l'habitait. A un moment j'ai été vidé de toute substance et le coup de grâce devenait impératif.

....

Une véritable course contre la montre s'en est suivie. Il fallait à tout prix terminer un travail de longue haleine, qui durait dans le temps, et puis bénéficier des grâces du seigneur des ténèbres. Toute une armée, des individus de tout âge, hommes et femmes, furent mobilisés, ils servaient de support pour les âmes errantes, ceci pendant le jour ; la nuit après bien des tourments, j'ai fini par dormir avec fenêtre ouverte qui laisse pénétrer une faible lueur de lumière ou bien allumer une veilleuse de nuit ; plus jamais dormir dans le noir total. J'ai fermé ma baraque et j'ai emménagé ailleurs. J'ai eu un bref répit mais comme je revenais de temps à autre revisiter mon ancienne demeure les problèmes ont repris de plus belles. Ça n'a pas été facile de découvrir de quelle manière ces démons flairaient ma présence dans tel endroit. Mais j'ai quand même découvert le pot à roses. Et avec cette trouvaille j'ai mis un pied dans le monde parallèle…

…………………………… ………………………… ……………………………

Toutes les créatures du bon Dieu sont organisées en groupes, tribus et peuples. Démons ; djinns et âmes errantes, le sont aussi. Les esprits, rares sont les cas où ils agissent de leur propre chef. Ils sont appelés par un intermédiaire, un être humain qui les utilise. Aidé par un esprit malfaisant, propre à chaque individu, qui lui est affecté à sa venue en ce bas monde. Comment font ces esprits pour nous reconnaitre ? Par quelques choses qui nous sont propres. Mon ennemi à moi a mon image devant ses yeux, connait le timbre de ma voix… et puis comme moi de temps à autre je prenais ma guitare et je chantais à tue-tête des vieux refrains du terroir, j'ai été à deux doigts de la catastrophe.

Chapitre : 31

Dans ma nouvelle demeure sise à une cité évolutive, mes six voisins qui se situaient dans mon environnement immédiat, tous ont été utilisées d'une manière ou une autre, comme base de lancement à des démons qui continuaient à être envoyés par ce membre de la famille lequel a été pris de court et a mal digéré mon départ, sans préavis. Il a sous- estimé mes capacités d'endurance et surtout ma patience ; le bon Dieu a été avec moi en exauçant mes prières.

Mes six voisins, chacun d'eux, a vu dans ma manière d'avoir débarqué, en un lieu qui est le leur, en parfait étranger, une aubaine pour marier une vieille fille ayant raté le train de la vie, qui est devenue veuve à la fleur de l'âge et ne faisant pas son âge. Moi, j'ai vu à travers leur acte une invitation à la destruction de mon foyer, de mes propres mains ! Toutefois, je n'étais plus au stade d'individu passif et ma riposte a vite montré son efficacité ; tous ou presque ont été mis hors d'état de nuire. A titre d'exemple, l'épouse de 'un d'eux a fait une chute d'escalier et a eu trois cotes brisées ; les enfants d'un autre ont été brulés à différents degrés etc. un wait and see a été observé par tout le monde à mon égard pour me mettre en quarantaine avec fuite en me voyant rappliquer de loin. Et cela n'a pas été facile de passer de l'individu chétif, faible, à un détenteur d'un pouvoir quelconque, dusse-t-il forcer les méchants à modérer leur envie folle de nuire à autrui.

……………………………………   …………………………   ………………………

En parfait croyant, assure Mr. Mamhoune, j'ai toujours essayé de me rapprocher de Dieu, par la prière ; la lecture du livre saint ; assister mon prochain. Et puis un jour j'ai ressenti une sorte de malaise que je ne suis pas parvenu à définir. Et j'ai confectionné un chapelet avec des trombones et j'ai entrepris d'évoquer le seigneur des cieux et de la terre. Une personne de ma belle- famille, quelques années plus tard m'a fait don d'un petit chapelet de 38 grains, normalement, le tiers d'un chapelet en bonne et due forme, toutefois, je pouvais le mettre dans ma poche et le portais là où j'allais.

Mes invocations de Dieu ont duré dans le temps et suivi un parcours en dents de scie ; intenses parfois, faible ou complètement abandonnés de temps à autres. Cependant, le seigneur a mis sur mon chemin une personne pieuse qui' m'a éclairé pour trancher net cette question.

Je revenais un soir, en effet, rejoindre sa demeure par véhicule de transport collectif. Lui, le bonhomme, d'après ses vêtements est un fidèle serviteur, causait avec un autre sans doute son voisin, et parla de réciter des noms et qualités du seigneur, tous les matins et soirs sans faillir d'un pouce à cette règle ; c'est d'après lui la seule garantie pour contrecarrer l'ennemi du bon Dieu qu'il soit humain ou démon…

Le message, bien qu'il ait été adressé à un collègue du fidèle serviteur, était destiné à mon humble personne. Tout de suite, sans plus tarder, je me suis mis à l'œuvre. Le résultat n'a pas mis trop longtemps à se manifester.

Chapitre : 32

Mr. Hmida, l'écrivain public, qui se tient au quotidien à proximité du bureau de poste du petit village de…, sollicité pour rédiger un bouquin dans le quel Mr. Mamhoune essaye de retracer un passage du désert s'étalant sur un quart de siècle et plus, délivré aujourd'hui pour de bon car ayant acquis une sorte d'immunité grâce à la pratique d'un rite particulier matin et soir pendant les heures creuses. Mr. hmida prend la consultation de pages noircies à la va vite, il est au neuvième chapitre de ce bouquin qui va peut-être voir le jour dans un proche avenir. Son stylo bien ajusté sur les pages vierges d'un calepin dessine des lettres pour former des phrases cohérentes autant que faire se peut. Divagations, errements, sinon science qui s'oppose à des pratiques occultes, Mr. Mamhoune dit n'avoir rien inventé et continue sa narration comme suit :

.... Le livre saint renferme des vérités éparpillées à travers ses verstes. Pour les découvrir il faudrait lire ce livre à tout moment ; saisir le sens qui se trouve entre les lignes. L'adoration du bon Dieu en elle-même se veut une opposition farouche au mal omniprésent. Ce mal, toute une dimension, est organisé comme une véritable armée avec ses officiers supérieurs ; ses chefs et ses hommes de troupes. Des éléments appartenant à la race humaine sont recrutés à tout moment, choisis parmi des gens sans foi ni loi pour former un réseau d'éléments actifs militants pour une cause, œuvrant pour perpétuer l'existence d'un monde parallèle. On s'oppose au dessein de Satan en pratiquant le bien sous toutes ses formes ou bien on s'y rallie en reniant le bon Dieu. Tous ceux voulant être libres, vivre pleinement leurs passions sans retenue aucune, ils s'enlisent dans une espèce de fange où l'âme perd toute sa signification au profit d'une matière, le corps. Insatiable cette machine à engloutir nourriture et boissons et rejette ses déchets sans se soucier d'un lendemain. Plus encore, ces prosélytes à la cause de Satan poussent leurs passions et ils sont agrées par leur hiérarchie ; ils montent en grade.

Mon ennemi à moi appartient à cette catégorie que seul le bon Dieu peut mettre fin à leur mal, pour avoir passé le cap d'un simple mécréant du dimanche à celui de destructeur du bien par le moyen de la sorcellerie.

....

Elle se place en second degré des vilénies commises par un adorateur de Satan qui tire sur tous ceux qui osent le défier. Mon proche parent a voulu aller encore plus loin dans cette discipline et monter en grade aussi haut que possible ; il a voulu acquérir un souffle de vie supplémentaire afin de continuer son œuvre, un tableau d'images sur fond de ténèbres ; dans ce sens ma mort devenait inévitable.

....

Je l'ai vu à l'œuvre cet ennemi de Dieu, il agissait comme un petit feu sous une paille ; invisible mais allant bon train jusqu'à la disparition d'un entrepôt entier. A un moment donné il est passé à la vitesse supérieure. Des étoiles, il m'a fait voir en plein jour. De jour comme de nuit, ma petite baraque devenait comme la Mecque autour de laquelle il effectuait de larges cercles. Une fois, le timbre de ma voix enregistré, mémorisé ainsi que mon image, il est devenu pour lui un jeu d'enfant pour m'expédier à tout moment un petit diable pour troubler ma quiétude.

--- et que feriez-vous, me questionna Mr. Mamhoune, si au beau milieu de la nuit vous vous réveillez avec le sentiment d'avoir perdu tout souvenir, votre nom, votre situation familiale ? Etc. une autre fois, tout d'un coup l'atmosphère autour de vous redevienne celle du pôle nord, et un hou ! hou ! -- - dont l'origine est indéterminée--- se m'était à retentir. Partout, où vous allez il y a comme quelqu'un qui vous a précédé pour que lorsque vous vous présentez la marchandise est vendue, les stocks épuisées ; untel est parti pour ne plus revenir !

....

Il fut un temps, assure Mr. Mamhoune, où tout s'est arrêté comme un oiseau qui suspend son vol en plein air. Rien ne bouge ; rien ne se vend ; plus rien ne s'achète.

En sortant un matin pour me rendre au travail ou ailleurs, le parterre est arrosé d'eau associée à de l'urine et excréments, ce qui attire les âmes errantes ; votre journée recèlera tout sauf du bien.

Chapitre : 33

L'histoire, d'un combat singulier que Mr. Mamhoune a mené contre un ennemi du bon Dieu, un proche parent épaulé par un démon et puis d'autres âmes errantes, et puis d'autres hommes et femmes qui végétaient dans son environnement sciemment, ou simples porteurs de virus pour avoir commis de grands péchés ce qui les a rendus une proie facile à des diables de tout bord, tire à sa fin. Mr. Hmida en traçant les dernières lignes du dernier chapitre reste sur sa faim. Mr. Mamhoune semble ne pas avoir tout dit. Le futur bouquin dont il est question ici pour être bien soigné demande, peut-être, d'autres informations à fournir ; d'autres renseignements à préciser. Une réécriture ou plusieurs autres seraient, peut-être, nécessaires. Dans cette optique, Mr. Hmida saisit l'occasion du passage de Mr. Mmahoune pour l'appréhender.

---- Mr. Mamhoune, clame-t-il, de deux choses l'une, ou vous me direz tout ce que vous savez ; ou je vous rende vos pages, noircies à la noix... oh ! Je sais que cela va être trop long à raconter, surtout en ce qui concerne quelqu'un n'ayant aucune notion en matière de rédaction, de littérature, d'essai, mais c'est à cette condition seulement que je consens à collaborer avec vous.

L'autre, Mr. Mamhoune reste perplexe un bon moment pour prendre place à côté de Mr. Hmida et entame ce qui suit :

…. Voilà, dit-il, ce qui m'est arrivé ne court pas les rues, un cas des plus rarissimes qui arrive à des siècles d'intervalles. A travers le monde le mal élit domicile au sein d'un clan, d'une famille, et transmis d'une génération à une autre. Le seul moyen pour y mettre fin est l'intervention du bon Dieu. Lui et lui seul peut renvoyer le mal en enfer. Le suppôt de ce grand mal qui ne révèle pas son nom est une personne des plus viles sur terre ; un être sans foi ni loi. Plusieurs châtiments lui sont opposés. Maladies graves ; handicapes physiques et mentaux, et plus encore, un proche parent verra le jour en ayant pour mission une et une seule celle de le détruire et le déterrer de la racine. L'incarnation du diable est un individu qu'aucun qualificatif n'est à même de décrire son mal qui est averti dès la naissance de son futur ennemi, et la lutte s'engage pour l'anéantir avant sa prise de conscience. Cependant, le bon Dieu dans son immense sagesse a tout prévu et sa volonté est réalisée sur terre et dans les cieux. Et ça a été dès le début ou lui ou ma frêle personne d'un individu dont la foi vacille telle la flamme d'une bougie qui menace de s'éteindre au moindre mouvement dans l'air. Mon ennemi n'est plus de ce monde, en enfer sans nul doute, lui et tous ceux et celles qui lui ont prêté main forte. Moi, je n'ai plus pour longtemps. Mes connaissances de cette science maudite, je les ai glanées çà et là pour l'unique but d'aider mon prochain, moi qui ai tant souffert pour la simple raison que j'ai suivi le droit chemin. Gratuitement, je vous les offres ces pages, faites en ce qui vous plait, un bouquin, ou bien brulés les. Comme vidé d'une substance qui me pesait sur le cœur, à présent je me sens très léger pour me présenter devant mon créateur.

Chapitre : 34

Voilà plus de sept mois que Mr. Mamhoune n'a plus donné signe de vie, il est parti sans laisser d'adresse, je n'ai pas de photo de lui pour la montrer au besoin à des gens qui le connaissent ou bien la publier dans des journaux comme recherche dans l'intérêt des familles. Ai-je peut-être rêvé ? Fait un mauvais rêve ? Pourtant le manuscrit est là entre mes mains et j'améliore au fur et à mesure le contenu d'une centaine de pages dont l'écriture ressemble étrangement à la mienne. Dernièrement, un portraitiste amateur s'est installé pour un temps pas loin du bureau de poste à proximité duquel je passe mes journées. J'ai profité de l'occasion pour réaliser un portrait- robot de Mr. Mamhoune. Ce qui en est sorti ressemble étrangement aux traits de mon visage ! J'en suis entièrement bouleversé.

…………………………………… ……………………………… …………………………

….. De loin je revois un triste bonhomme, vêtu en noir, il tient sous son aisselle gauche une chemise catonnée, il me dépasse puis revient sur ses pas.

---- c'est toi l'écrivain public du village ? On m'a parlé d'un seul et unique écrivain, un peu rêveur, me dit-il.

---- oui, c'est moi qui suis devant vous, ce métier je l'exerce depuis presque une année seulement.

---- alors, j'ai quelque chose laissé par feu mon père. On l'appelle Mr. Hafaf, si vous en voulez… après son décès, en fouillant dans ses affaires, j'ai trouvé ce calepin. Le plus beau cadeau que je pourrais lui faire à titre posthume serait que les notes qu'il a consignées noir sur blanc verront le jour. Pas très érudit, mais il avait le sens de l'observation.

Je jette un coup d'œil furtif sur le bloc- notes qu'il me tend et je pousse un oh ! de surprise. Le récit a pour titre : la maladie… est-ce une fatalité ? Non, je rêve ou quoi ? Ce titre je l'ai lu quelque part. Le temps de lever la tête, le bonhomme a été comme englouti. Je mets le calepin, dans une petite sacoche que je trimballe toujours avec moi, avec espoir de le consulter plus tard.

Fin

Printed by Books on Demand GmbH, Norderstedt / Germany